Der Clausthaler Raths-Apotheker
Johann Christoph ILSEMANN
Chemiker und Mineraloge

GEORG SCHWEDT

2018

Herstellung und Verlag:
BoD – Books on Demand, Norderstedt
ISBN: 978-3-7481-8262-7

INHALT

Vorwort   5

1. Die Vorfahren des Apothekers J. Ch. ILSEMANN   7

2. Johann Christoph ILSEMANN - sein Lebensweg   12
   Die *Marggraffische Apotheke* in Berlin   13
   Apotheker DU MÊNIL über Ilsemann: 18
   Einiges aus dem Leben des Bergcommissärs,
   Johann Christoph Ilsemann, Apothekers zu
   Clausthal   19
   (mit Anmerkungen, Erläuterungen und
   Exkursen:)
   Sohn Julius Christoph Ilsemann   30
   Exkurs zu Scheele, Bergmann und
            Westrumb   36
   Exkurs zu Lentin   41
   Exkurs zu Rudolph Brandes   50

3. Aus Ilsemanns Veröffentlichungen   52
   Übersicht   52
   Exkurs zu Lorenz CRELL und
            dessen Zeitschriften   54
   ILSEMANN über:
   Bittersalz   59
   Knallsilber   66
   Pryophorus   68
   Sympathetische Tinte   72
   Braunstein und Mangan   75
   Aus der Geschichte des Mangans   77
         Braunstein aus Ilefeld   77
   Exkurs zum *mineralischen Chamäleon*   89
   Exkurs Ilfelder Bergbau   103

Über die *Eisenproben* – ein Beitrag zur
metallurgischen Chemie   **105**

4. Ilsemannn als Lehrender   **117**
Aus Berichten von Hans BUROSE   **118**
und Eberhard STUMPP   **(131)**
Exkurs Hüttenwesen   **120**
Exkurs Chemie an der Universität
Göttingen vor 1800   **123**
Ilsemann jun. führt die Vorlesungen
des Vaters fort (H. Burose)   **129**

5. Die Berghauptleute von REDEN und von TREBRA   **134**

6. GOETHE und TROMMSDORFF aus Thüringen,
FREIESLEBEN aus Sachsen zu Besuch beim Mineralogen
Ilsemann   **138**
Exkurse:
Gasthof Goldene Krone   **146**
Hr. Drechsler und die Bergapotheke
In Zellerfeld   **148**
Johann Carl Freiesleben   **153**

7. Das Molybdänmineral ILSEMANNIT   **157**
Ilsemann über das *Wasserbley* 1787   **157**
Erläuterungen zum Molybdänblau   **164**
Das ILSEMANNIT   **168**
Exkurs: Bleiberg und Haidinger   **170**

Literaturverzeichnis   **174**

Vorwort

In den fast zwei Jahrzehnten meiner Tätigkeit als Hochschullehrer im Institut für Anorganische und Analytische Chemie der TU Clausthal bis 2006 habe ich die ersten Informationen über den Raths-Apotheker ILSEMANN sammeln können.

Im Rahmen eines Abendvortrages über *Pharmazeutika aus der historischen Apotheke* konnte ich sogar im historischen Gebäude der Raths-Apotheke in der Rollstraße zu Clausthal chemisch-pharmazeutische Experimente vorführen. Darüber habe ich in meinem Buch *„Chemische Experimente in Schlössern, Klöstern und Museen. Aus Hexenküche und Zauberlabor"* (Weinheim) 2002 berichtet.

Im Zusammenhang mit anderen chemiehistorischen Arbeiten stieß ich in letzter Zeit immer wieder auf den Namen des Apothekers Johann Christoph Ilsemann. Die Digitalisierung zahlreicher historischer Zeitschriften machte es mir möglich, seine Veröffentlichungen direkt am Bildschirm meines Laptops zu lesen bzw. sie als pdf-Dateien zu kopieren und auszudrucken. So entwickelte sich ein Bild eines in seiner Zeit auf dem Stand der Wissenschaft experimentierenden Chemikers, der von den Mineralogen durch die Benennung eines Molybdän-Minerals als *ILSEMANNIT* bereits 1872 gewürdigt wurde.

In dieser Schrift sollen auch seine Lehrtätigkeit an den Vorgängereinrichtungen der heutigen TU Clausthal seit 1775 und einige seiner Veröffentlichungen mit Erklärungen, Anmerkungen und Exkursen zu einem Bild der chemisch-mineralogischen Forschungen am Ende des 18. Jahrhunderts in der Raths-Apotheke der Bergstadt Clausthal entwickelt werden.

Prof. Dr. Georg Schwedt, Bonn im Mai 2018

1. Die Vorfahren des Apothekers J. Ch. Ilsemann

Johann Christoph ILSEMANN wurde am 7. April 1727 als Sohn des Apothekers Johann Wilhelm Ilsemann (1686-1766) in Clausthal geboren. Sein Vater war 1727 Verwalter, ab 1733 Pächter der 1638 gegründeten, ab 1723 der Bergstadt Clausthal gehörenden Rat(h)s-Apotheke.

Über den Vater Johann Wilhelm ILSEMANN konnten folgende biographische Details ermittelt werden. Er war der Sohn des Pfänners, Salzgräfen und Bürgermeisters Dietrich Ilsemann (1643-1715) in Salzderhelden. Die Berufsbezeichnungen *Pfänner* und *Salzgräfe* nennt Herbert Dennert (1902-1994, Oberbergrat im Oberbergamt in Clausthal-Zellerfeld, auch ehem. Leiter des Oberharzer Bergbaumuseums), der die Kurzbiographie von Ilsemann in der „Neuen Deutschen Biographie" (10 (1974), S. 140) verfasste. *Pfänner* war früher die Bezeichnung für den Besitzer einer Saline. *Salzgraf* war ein Salinenbeamter – er regierte das ganze Salzwerk, also nicht nur die eigene Saline.

Der Ort *Salzderhelden* im Leinetal zwischen Northeim und Kreiensen entstand aus einer Ansiedlung von Salzsiedern. Im Hochwassergebiet der Leine waren schon seit 800 n. Chr. nach der Trockenlegung durch flämische Siedler mehrere Siedlungen entstanden, die später aufgegeben wurden. Die Bewohner bildeten die neue Siedlung Salzderhelden. Aus der Geschichte wird u.a. berichtet:

„...Wie die Sage berichtet, wurde man – wie bei Lüneburg und anderen Salzquellen – durch ein suhlendes Wildschwein auf die Quelle aufmerksam. Mit der Salzgewinnung mag im 11. Jh. in nennenswertem Maße begonnen worden sein; urkundenmäßig ist sie (...) aus dem 13. Jahrhundert bekannt. Das Salzwerk bestand aus dem Salzbrunnen und 15 Salzkoten, die den Gewerken gehörten." (Aus W. Dienemann und K. Fricke: Mineral- und Heilwässer. Peloide und Heilbäder in Niedersachsen und seinen Nachbargebieten, 1961)

Im Jahre 1271 wurde auf Wunsch der Pfänner die Marienkapelle erbaut. Im 17. Jahrhundert sind im *Hausbuch* (1664) 78 Häuser, 33 Pfänner, 17 Salzfahrer, 6 Salzträger, 5 Schmiede, drei Branntweinbrenner und drei Bäcker verzeichnet.

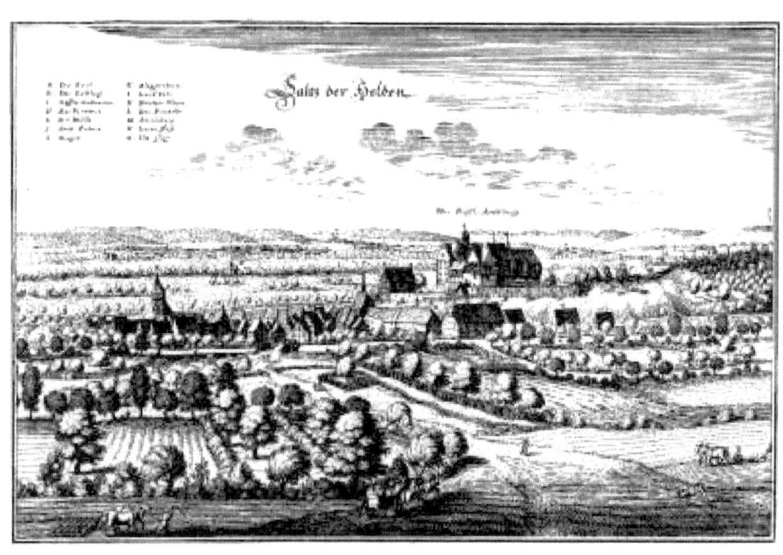

SALZDERHELDEN – Merianstich nach Conrad Buno 1654

8

Salzderhelden gehörte zum Herzog(Fürsten)tum Braunschweig-Wolfenbüttel. Im Merianstich ist das nach dem Dreißigjährigen Krieg wieder aufgebaute Fürstliche Amtshaus zu sehen.

Über die Ausbildung von Johann Wilhelm Ilsemann sind nur wenige Details zu erfahren. Von Interesse sind zwei Hinweise auf eine akademische Ausbildung in der Medizin, verbunden mit dem Namen Ilsemann – es handelt es sich aber offensichtlich um eine Namensgleichheit mit einem Sohn – also um *Johann Wilhelm Ilsemann den Jüngeren.*

In den *Altonaischen Gelehrten Anzeigen* von 1745 (93. Stück, S. 767) taucht sein Name im Zusammenhang mit dem des Professors Lorenz HEISTER (1683-1758, ab 1720 Prof. der Anatomie und Chirurgie, ab 1730 auch für Botanik und ab 1741 für praktische Medizin) von der Universität Helmstedt auf.
„Im jüngst abgewichenen Novembermonat bestieg der belobte Herr Hofrath und D. Laurentius Heister abermals die Katheder und ließ von seinem Respondenten, Herr Johann Wilhelm Ilsemann, aus Zellerfelde, eine chirurgische Dissertation de Lithotomiae Celsianae praestantia et vsu 6 Bogen in 4. Vertheidigen. *Anlaß zu dieser Schrift hat dem Herrn Hofrath eine im vergangenen Frühjahr glücklich verrichtete Operation gegeben. Er hat damals einen Jüngling von 19 Jahren, der dazu noch von schwächlicher und kränklicher Leibesbeschaffenheit gewesen, durch den sogenannten* parum apparatum *von einem 4 Unzen [etwa 120 g] schweren und fast vier*

daumenbreit langen und eckigten Stein glücklich befreyt…

In der Universitätsmatrikel ist *Johann Wilhelm Ilsemann* am 24. April 1743 eingeschrieben.

In der *Göttingischen Zeitung von gelehrten Sachen* vom 11. September 1752 (2. Band, S. 901):
„*Göttingen. Den 18. May vertheidigte unter Hrn. Prof. Segners* [Johann Andreas von Segner, 1704-1777, seit 1736 o. Prof. für Medizin] *Vorsize der Hr. Johann Wilhelm Ilsemann, aus dem Clausthal, eine lesenswürdige Probeschrift* de colica Saturniae metallurgorum, *die er selbst verfertigt hat, und die 76 S. stark ist. Er hat in seinem Vaterland gute Gelegenheit gehabt, die Hüttenkatze zu sehen, von welcher die Rede ist, und vieles hat auch der Hof- und Berg-Arzt Dr. Spangenberg ihm mitgetheilt…*"

Im „Brockhaus Conversations-Lexicon" 1. Aufl. (1809) wird diese Krankheit wie folgt beschrieben:
„Die **Hüttenkatze** ist eine Krankheit der Hüttenarbeiter und Schmelzer, welche in einer Verdorrung aller Glieder und sehr starker Engbrüstigkeit bestehet. Es ist, wie beim *bergfertigen Bergmann* (womit man ebenfalls einen an derselben Krankheit nach und nach absterbenden Bergmann bezeichnet), eine Lungensucht, die von fürchterlichen Symptomen begleitet wird – und nur langsam endet."

Über Johann Wilhelm ILSEMANN lesen wir dann noch in der Harz-Zeitschrift (52./53., 2000/01) im Beitrag von Wolfram Kaiser „Die mitteldeutschen Universitäten des 18. Jahrhunderts als Ausbildungsstätten Harzer Mediziner", dass er 1752 in Göttingen promoviert habe – und

„Der Region treu blieb der einer berühmten Arzt- und Apothekerdynastie stammende Johann Wilhelm Ilsemann aus Zellerfeld." (S. 158)

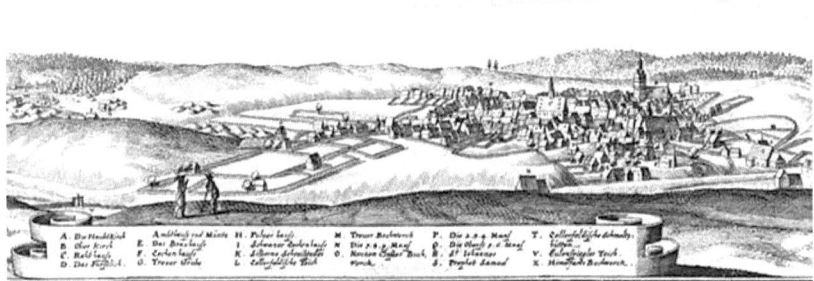

Ausschnitt aus dem Merianstich

Aus der *Arzt- und Apothekerdynastie* ILSEMANN stammt offensichtlich der ebenfalls im Helmstedter Universitäts-matrikel am 30. April 1743 eingeschriebene *Johannes Henricus Ilsemann aus Saltzderhelden* – unter den Pharmazeuten, der später Rats-Apotheker in Hildesheim wurde.

2. Johann Christoph ILSEMANN – sein Lebensweg

Die Digitalisierung zahlreicher historischer Schriften im 21. Jahrhundert macht es möglich, auch weniger bekannte Quellen zur Biographie des Apothekers Ilsemann zu finden.

So ist in den *„Nachrichten von dem Leben und den Schriften jetztlebender teutscher Aerzte, Wundärzte, Thierärzte, Apotheker und Naturforscher"* (Hrsg. J. K. Ph. Ewert 1799, 1. Band, XXXVIII, S. 258) zu lesen:

> *Ilsemann (Johann Christoph), Rathsapotheker und Bergkommissär zu Klausthal, ist daselbst 1725 geboren. Sein Vater, Johann Wilhelm, war Rathsapotheker zu Klausthal, und seine Mutter eine Tochter des Kaufmanns Münther zu Osterode. Nachdem er die Apothekenkunst erlernt hatte, kam er nach Breslau, von da in die berühmte Marggrafische Apotheke zu Berlin. Hierauf wurde er erst adjungirter und nach dem Tode seines Vaters wirklicher Rathsapotheker zu Klausthal. (...)*

In BRESLAU existierten bis nach 1742 acht Apotheken. Anhand dieser (und auch später zitierter) Informationen können wir nur spekulieren, in welcher Apotheke unser Ilsemann nach der Lehrzeit bei seinem Vater, die damals in der Regel fünf Jahre betrug, tätig gewesen ist, wenn er etwa im 20. Lebensjahr um 1747 Clausthal verließ.

In „Vollständige Topographie von Breslau…" (Gustav Roland, Breslau 1840) ist über die Apotheken zu lesen: *„Was das Alter der Apotheken anbetrifft, so gab es bereits 1561 die sogenannte >schöne Apotheke< auf der Albrechtsstraße, 1578 gab es 4 Apotheken in Breslau, 1696 wurde die fünfte auf der Ohlauerstraße eröffnet, im Anfang des 18. Jahrhunderts wahrscheinlich die sechste; auch war schon 1710 die Universitäts-Apotheke als Kloster-Officin vorhanden. Nach 1742 wurde die siebente Apotheke privilegirt. – (…)"*

Die *Marggrafische Apotheke* in Berlin
Über die Geschichte dieser Apotheke habe ich ausführlich in meinen Biographie von Martin KLAPROTH, dem Entdecker des Urans (und weiterer sechs chemischer Elemente) berichtet. An den Standort dieser, später Bären-Apotheke genannten Apotheke erinnert auch eine Gedenktafel im Berliner Nikolai-Viertel (am Durchgang zur Propststraße).
Zur Geschichte: „Für eine Apotheke in seinem Haus Spandauer-, Ecke Probstraße erhielt 1720 Henning Christian *Marggraff*, gebürtig aus Neuenhausen bei Perlesberg, das Privileg. 1707 hatte er das Haus erbaut, 1711 wurde er zum Ratsapotheker ernannt, , nachdem er ein Magistratsprivileg gegen eine jährliche Abgabe von 30 Talern gepachtet hatte. In seiner Bittschrift um königliche Privilegierung sagt er, er habe sich vor 23 Jahren in Berlin niedergelassen, ein Haus für 7000 Taler erworben und ein dem Magistrat zustehendes Privileg gegen jährlichen Kanon abgepachtet. *Marggraff* war offenbar ein sehr tüchtiger und wohlhabender Mann. Als

im Jahre 1720 über die älteste Berliner Apotheke, die *Tonnenbinder*'sche, in der Poststraße (Nr. 1) der Konkurs hereinbrach, wodurch das betr. Privileg vom Jahre 1482 laut Regierungsbeschluß zur Kassatation gelangte, erreichte es *Marggraff*, daß ihm das alte Privileg an Stelle eines neuen, die ja zufolge desselben Beschlusses nicht mehr vergeben werden sollten, übertragen wurde unter der Bedingung, daß das Magistratsprivileg aufhörte zu bestehen.' (H. Gelder) – im Folgenden wird der Name ohne das zweite ‚f' geschrieben: als *Marggraf*.

Der Name der Apotheke wechselte vom weißen über den schwarzen bis zum *goldenen Bären*. Marggrafs Privileg wurde 1740 erneuert; er selbst erhielt den Titel Medizinalassessor. Es war Marggrafs Sohn, Andreas Sigismund *Marggraf* (1709-1784), der die Saccharose in der Zuckerrübe entdeckte, 1754 Professor und Vorsteher des Königlichen Laboratoriums wurde. 1756 gelangte die Apotheke in den Besitz des Apothekers *Flemming*. 1798 konnte sie *Klaproth* für 9500 Taler erwerben, der sie dann 1800 für 28500 Taler an Georg Friedrich *Wilhelm* verkaufte…"

Auf der Webseite des „Vereins für die Geschichte Berlins e.V." – „Die Geschichte Berlins" sind einige von dem zitierten Text ergänzende bzw. abweichende Daten enthalten – Im Bericht von Martin Mende über die Spandauer Straße als *Zentralachse des alten Berlin: Die Spandauer Straße* („Südwestliche Ecke"):

„Auf der gleichen Straßenseite gegenüber der Einmündung der Gustav-Böß-Straße befand sich im Haus Nr. 17 (vormals 33) an der Ecke Propststraße seit 1707 die Apotheke ‚Zum goldenen Bären' von Henning Christian Marggraf (1680-1754). Sein Sohn, der Chemiker Andreas Sigismund Marggraf (1709-1782), entdeckte 1747 den Zuckergehalt der Runkelrübe und bereitete damit der Zuckerindustrie den Weg. (...) Seine Schwester Charlotte Luise war die Schwiegermutter des Apothekers Valentin Rose d. Ä. (...). Der Chemiker Martin Heinrich Klaproth (1743-1817) heiratete die Nichte Marggrafs und erwarb von ihm 1780 auch die Apotheke, die er jedoch 1800 wieder veräußerte, um sich ganz seinen wissenschaftlichen Untersuchungen zu widmen..."

Als Johann Christoph ILSEMANN dort als Apothekergehilfe tätig war, wirkte offensichtlich noch MARGGRAF als Apotheker. Bereits 1743 hatte Marggraf eine Abhandlung über eine verbesserte Methode zur Phosphorgewinnung aus Harn mit Bleioxichlorid, Sand und Kohle beschrieben und 1745 als Erster die Herstellung von Kaliumcyanid und dessen auflösende Wirkung auf die Niederschläge von Metallsalzen erkannt. 1746 gewann er Zink aus Galmai durch Reduktion mit Kohlepulver unter Luftabschluss.

H. Dennert nennt in seiner Kurzbiographie in de „Neuen Deutschen Biographie" (NDB) (1974) auch noch WOLFENBÜTTEL als Ort, in dem Ilsemann nach seinen Lehrjahren als Apothekengehilfe tätig gewesen sei.
Es könnte sich um die *Alte Apotheke am Kornmarkt* gehandelt haben.

In der zitierten Kurzbiographie von Herbert Dennert ist weiterhin zu lesen:

„...Mit großem Fleiß benutzte er alle erreichbaren Hilfsmittel, um sich in der Arzneilehre zu vervollkommnen. Die ersten Jahre des 7-jährigen Krieges [1756-1763] brachten zwar I. mancherlei Sorgen, doch bald änderten sich die Verhältnisse zu seinen Gunsten. Er erhielt Aufträge für die Lieferung von Arzneien, welche ihm so viel Gewinn einbrachten, daß er damit den Grund zu seinem späteren ansehnlichen Vermögen legen konnte."

1762 heiratete Ilsemann Sophie MEYER (1743-1796), Tochter von Gerhard Ludwig Meyer, Apotheker in Salzderhelden und (Gastwirt) in Einbeck. In der „Genealogie" gibt H. Dennert an, das Ehepaar habe mindestens 5 Kinder gehabt und er nennt „u.a. Karl Frdr. (1786-1865), Apotheker, Chemiker u. Mineraloge, Nachf. I.s". – Diese Angaben sind zwar in mehreren biographischen Nachschlagwerken zu finden, jedoch ohne Bezug auf Clausthal – in der Geschichte der Rats-Apotheke (auf der Internet-Seite) ist er auch nicht verzeichnet. (Weitere Einzelheiten zu den unklaren biographischen Einzelheiten s. weiter unten im Zusammen mit der Lebensbeschreibung von Du Mênil.)

Zu Gerhard Ludwig *Meyer* sind die Angaben wie folgt nach Auskunft des Beauftragten für Familienforschung der Evangelisch-Lutherischen Kirchengemeinde Einbeck, Gerd Hillebrecht zu ergänzen bzw. zu korrigieren:
Gerhard Ludwig Meyer (1709-1769) ist dort im Kirchenbuch St. Jacobi als *Weinhändler* und *Gastwirt* mit

dem Sterbedatum 5. Februar verzeichnet. Die Tochter Sophie Charlotte *Meyer* wurde am 27. März 1743 getauft: *Gevatter seines Bruders Frau und des Apothekers zum Clausthal Herrn Ilsemanns Frau* – womit nur die Mutter von Johann Christoph gemeint gewesen sein kann. Somit sind hier bei näherem Nachforschen die bekannt- oder auch verwandtschaftlichen Beziehungen zu finden.

Aus dem Stadtmuseum und Stadtarchiv von Einbeck war außerdem zu erfahren, dass Gerhard Ludwig Meyer, 1709 in Salzderhelden geboren, als Apotheker in der Genealogie der Kirchengemeinde Salzderhelden aufgeführt ist, womit es sich hier offensichtlich um ein und dieselbe Person handelt.

Und im Adressbuch des Königsreichs Westphalen um 1807, lebte in der Gastwirtschaft zum Kronprinz (Haus 337) der Wirt Peter Buschenius, verheiratet mit Sophie Dorothea geb. Meyer (45 Jahre alt) – 1798 war Heinrich Georg Meyer Gastwirt in der Gastwirtschaft zum Kronprinz (Auskunft Stadtarchiv Einbeck, A. Pigge vom 20.7.2017). Soweit die Ergänzungen zur Genealogie.

Apotheker Du Mênil über ILSEMANN

Die ausführlichste *Lebensbeschreibung* stammt von einem Kollegen Ilsemanns – dem Apotheker DU MENIL. August Peter Julius Du Mênil (1777-1852) stammte aus einer Hugenottenfamilie. Er wurde in Celle geboren, absolvierte dort eine Apothekerlehre, war ab 1797 als Gehilfe in Schleswig und ab 1798 in Hannover tätig. Als Verwalter von Apotheken ging er nach Schnaken-burg/Elbe und Schwerin. 1809 promovierte er in Rostock zum Dr. phil. und im gleichen Jahr erwarb er die Apotheke in Wunstorf. Er gilt als erfolgreicher Autor pharmazeutischer Schriften, führte auch zahlreiche Mineralwasseranalysen durch und war an der Gründung des „Apotheker-Vereins im nördlichen Teutschland" beteiligt.

DuMênil

Unter dem Titel

Einiges aus dem Leben des Bergcommissärs Johann Christoph Ilsemann, Apothekers zu Clausthal.

berichtete er im „Archiv des Apotheker-Vereins im Nördlichen Teutschland für die Pharmacie und deren Hülfswissenschaften" **1824** (7. Bd., 2. H., S: 225-).

Anhand dieses ausführlichen Berichts werden wir mit Erläuterungen den Lebensweg von ILSEMANN nachverfolgen können:

Wenn es auch nicht leicht seyn möchte, in den letzten Jahren manche, ja viele kenntnißreiche Pharmazeuten zu nennen, so war dieses doch in der Mitte des vorigen Jahrhunderts keineswegs der Fall; denn es ist bekannt, daß man damals bei der Wahl der Lehrlinge, weit entfernt, auf wissenschaftliche Bildung zu sehn, selbst ihre Liebe zur Erlernung gründlicher Kenntnisse in der Pharmazie nicht nur schlecht unterstützte, sondern sie sogar unterdrückte, wie auch, daß man aus dem Wuste einer großen Anzahl Folianten nur wenig wirklich Nutzbares herauszufinden vermochte*), wodurch dem jungen Apotheker dann das Studium der Pharmazie unendlich erschwert wurde.

*) Betrachten wir die Sache genauer, so finden wir in der That, daß die Pharmazie noch heutiges Tags ein nicht viel weniger trauriges und abschreckendes Ansehn haben würde, wenn sie nicht durch rationelle Studien ihrer Hülfswissenschaften so viel Anziehendes gewönne. Man sonderte früher das Wenige, welches selbige aus diesen bedurfte, zu scharf ab, bildete aus lauter Bruchstücken sehr ungleicher Materialien ein Häufwerk ohne eigentliche Vebindung, dessen ungefällige und umsymmetrische Außenseite das gewaltsam Zusammengebrachte sogleich blicken ließ.

Einiges aus dem Leben des Bergcommissärs Johann Christoph Ilsemann,
Apothekers zu Clausthal.
Vom Dr. Du Menil.

Wenn es auch leicht seyn möchte, in den letzten sechszig Jahren manche, ja viele kenntnißreiche Pharmazeuten zu nennen, so war dieses doch in der Mitte des vorigen Jahrhunderts keineswegs der Fall; denn es ist bekannt, daß man damals bei der Wahl der Lehrlinge, weit entfernt, auf wissenschaftliche Bildung zu sehn, selbst ihre Liebe zur Erlernung gründlicher Kenntnisse in der Pharmazie nicht nur schlecht unterstützte, sondern sie sogar unterdrückte, wie auch, daß man aus dem Wuste einer großen Anzahl Folianten nur wenig wirklich Nutzbares herauszufinden vermochte, *) wos

*) Betrachten wir die Sache genauer, so finden wir in der That, daß die Pharmazie noch heutiges Tags ein nicht viel weniger trauriges und abschreckendes Ansehn haben würde, wenn sie nicht durch rationelle Studien ihrer Hülfswissenschaften so viel Anziehendes gewönne. Man sonderte früher das Wenige, welches selbige aus diesen bedurfte, zu scharf ab, bildete aus lauter Bruchstücken sehr ungleicher Materialien ein Häufwerk ohne eigentliche Verbindung, dessen ungefällige und unsymmetrische Außenseite das gewaltsam Zusammengebrachte sogleich blicken ließ. Ω

Archiv 7. Bd. 3. H.

Faksimile der ersten Seite

Ehre also unserm I l s e m a n n, daß er sich in jenen Zeiten der Dunkelheit so rühmlichst auszeichnete, und viele Jahre hindurch neben einem Andreä, fast allein die Zierde Hannöverscher Apotheker war.

ERLÄUTERUNGEN

Der angesprochene *Hannöversche Apotheker Andreä* war Johann Gerhard Reinhard ANDREAE (1724-1793). Seine Apotheke wurde 1636 neben der Rats-Apotheke

(1568) als zweite Apotheke in der Calenberger Neustadt an der sogenannten Kloppenburg gegründet und überwiegend vom königlichen Hof frequentiert. 1645 wurde sie von der Familie Andreae übernommen und bis 1803 weitergeführt.

Die Inhaber stellten mit Unterbrechungen die Hofapotheker. Sie wurde Hof-, Hirsch- oder auch Andreae-Apotheke genannt. Andreae, der die Apotheke von seinem früh verstorbenen Vater 1747 zunächst als Verwalter, 1751 als Besitzer übernahm, war nicht nur Apotheker, sondern auch Chemiker, Mineraloge und Botaniker. Er hatte zunächst in der väterlichen Apotheke seine Lehre begonnen, sich 1744 in Berlin weitergebildet (durch Vorlesungen am Collegium medico-chirurgicum), 1746 in Frankfurt am Main in der Heerischen Apotheke gearbeitet und anschließend in Leiden studiert. Von England aus kehrte er 1747 nach Hannover zurück. 1765 erhielt er nach eigenem Vorschlag von der Königlichen Kammer den Auftrag, die wichtigsten Erd- und Mergelarten zu untersuchen, d.h. zu beschrieben und zu analysieren. Bei ihm arbeitete der spätere Entdecker des Urans, Martin Heinrich Klaproth, bevor er nach Berlin ging (s. in Schwedt über Klaproth 2016).

Clausthal in der ersten Hälfte des 19. Jahrhunderts

DU MENIL

J o h a n n   C h r i s t o p h   I l s e m a n n war den 7ten April 1727 zu Clausthal geboren, wo sein Vater die dortige Rathsapotheke in Pacht hatte. Dieser, welcher allein seine Belohnung in der treuen Ausübung seiner Pflichten fand, und nach damaliger allgemeinen Meinung dem Apotheker weitumfassende Kenntnisse nicht wesentlich hielt, ließ es seinem Sohne zwar nicht an gutem Unterricht fehlen, schien indeß auf die völlige frühere Ausbildung desselben, d. h. auf solche, wie sie in hohen Schulen ertheilt wird, nicht gesehn zu haben, so daß I l s e m a n n seine pharmazeutische Laufbahn nur mit gewöhnlichem Wissen ausgerüstet, (im älterlichen Hause) antreten konnte; dennoch schadete ihm dieser

Umstand wenig; mit unermüdlichem Fleiße suchte er, soweit ihm die Hülfsmittel dazu verliehen waren, zu ergründen, was die Pharmazie Schwieriges darbot. Nach vollbrachten Lehrjahren erwarb er sich als conditionirender Apotheker zu Wolfenbüttel und Berlin die Achtung und Liebe aller, die ihn näher umgaben, und derer, die ihn übrigens dort kennen lernten.

Im 31sten Jahre (1758) übernahm er die Apotheke seines Vaters, also zur Zeit des siebenjährigen Krieges, da dieser nun eine fast allgemein fühlbare Stockung im deutschen Handel verursachte, so konnte der junge Hausvater wohl für die Zukunft etwas bange seyn, in der That hatte er schon in den ersten Jahren merkliche Nahrungssorgen. Mit Muth und Standhaftigkeit wußte er sie jedoch zu ertragen, bis ihm selbst der Krieg eine günstige Seite zukehrte: Durch Arzneilieferung verdiente er nämlich so viel, daß er den Grund zu einem nachher sehr ansehnlich gewordenen Vermögen legen konnte.

ANMERKUNG

Auf diesen Lebensbericht bezieht sich somit auch H. Dennert. Daraus geht hervor, dass Ilsemann in seiner Apotheke Arzneimittel in größerem Umfang selbst herstellte und vertrieb, er also auch über ein größeres Laboratorium verfügte.

Ausschnitt aus einer Postkarte vor 1900 mit Hotel zum Kronprinz (links)
(heute Gasthaus – Tiedexer Straße)

Er verheirathete sich bald nach seinem Etablissement mit der Tochter des wohlhabenden Gastwirths zum Kronprinz in Einbeck, Namens M e y e r, und lebte viele Jahre in der glücklichsten Ehe mit ihr. Sie war ein(e) Muster von Güte und Wohlthätigkeit, und noch Lebende, die sie kannten, erwähnen ihres trefflichen Charakters nicht ohne tiefe Rührung. Daß eine solche Gefährtin auch viel dazu beitrug, hohen Sinn für Religion in I l s e m a n n zu erhalten, ist einleuchtend, ich sage zu erhalten, denn er war im eigentlichen Sinne des Wortes religiös, ohne bigot zu seyn. Versäumte der die Predigt am Sonntag, so verbrachte er doch die ihr geweihete Stunden in Andachtsübungen zu, er fühlte sich also nicht allein zur Verehrung des gütigen Erhalters aller Dinge, wie wir weiter unter sehn werden, durch seine Liebe zu den Naturwissenschaften hingerissen; sondern auch als christlicher Philosoph von dem Feuer der positiven Religion erwärmt und beseelt.

EXKURS zur Religion (ev.)

Die erste Ehefrau von ILSEMANN, Sophie, geb. Meyer (1743-1796) hatte er 1762 geheiratet. Der Bruder seiner 1757 verstorbenen Mutter Juliane, geb. Münter, war der Generalsuperintendent zu Osterode Andreas Hermann Münter (1686-1732). 1725 war der seit 1684 als Superintendent der Kirchengemeinden Zellerfeld, Grund, Wildemann und Lautenthal wirkende Caspar CALVÖR (1650-1725) gestorben, dessen Name bis heute mit seiner erhaltenen Bibliothek, der *Calvörschen Bibliothek* in der Universitätsbibliothek Clausthal, verbunden ist. Calvör veröffentlichte u.a. 1714 „Das alte Heydnische und Christliche Niedersachsen" (Original in der Calvörschen Bibliothek).

Gegenüber von ILSEMANNS Apotheke befindet sich die Clausthaler *Marktkirche zum Heiligen Geist* – s. Ausschnitt des Merianstichs von 1654.

Die neue Marktkirche zum Heiligen Geist wurde am Pfingstmontag 1642 eingeweiht. Das im Dreißigjährigen Krieg aus Fichten- und Eichenholz gezimmerte protestantische Gotteshaus – ein holztonnengewölbter dreischiffiger Hallenbau mit umlaufender Empore – gehört dem Barock an. Das bezeugen äußerlich die charaktervollen welschen Hauben des Glockenturms und der hinter ihm sitzenden Dachreiters. Im 17. Jahrhundert wurden die Emporen verdoppelt, das Bauwerk um 12 m nach Osten erweitert, so dass heute 2200 Sitze vorhanden sind.

Ausschnitt aus dem Merianstich Clausthal von 1654 (g: Rathaus)
(Aus: G. Schwedt, Historische Harzreise)

1725 bricht erneut ein großes Feuer aus: Vierhundert Wohnhäuser werden zerstört. Danach entstehen im Barockstil neue Bauten des Amtshauses (heute Oberbergamt), Rathauses und der Münze. Nur zum Teil kann ein Wiederaufbau nach einem Schachbrettmuster mit breiten Straßen wie in Zellerfeld durchgesetzt werden. 1775 entsteht eine Schule für Berg- und Hüttenleute als Vorläuferin der heutigen Technischen Universität.

Das Gebäude der *Rathsapotheke* befindet sich in dem historischen Ensemble von Marktkirche, Rathaus, Oberbergamt und ehem. Münze.

Du Menil:

Zwei Söhne sind die noch grünenden Früchte dieser Ehe, der älteste, Kaufmann in Hannover, zeichnete sich stets durch eine musterhafte Lebensweise aus, in den andern, welcher als ein gründlich gelehrter Apotheker, Chemiker und Mineralog bekannt ist, scheint vorzüglich die schöne Seele der Mutter übergegangen zu seyn. Doch kommen wir auf den Vater zurück; I l s e- m a n n verlor seine treffliche Frau noch im rüstigen Alter durch den Tod, ein Schlag, der ihn so außerordentlich niederbeugte, daß er ohnfehlbar an keine neue Ehe gedacht haben würde, wenn die Leitung seines weitläufigen Haushalts, wie auch des seinem Herzen so natürliche Bedürfniß der traulichen Freundschaft ihn nicht vermocht hätte, die sehr gebildete Tochter des Apothekers M e y e r s in Osterode als zweite Gattin zu wählen; auch mit dieser brachte er glückliche Tage zu, bis sie ihn endlich überlebte.

EXKURS

Seltsamerweise gibt H. Dennert in seiner Kurzbiographie (NDB 1974) keine zweite Ehe von Ilsemann an, die er nach 1796 geschlossen haben muss – vielleicht, weil wiederum als Geburtsname MEYER auftaucht, diesmal jedoch als Tochter des Apothekers in Osterode (und nicht in Northeim).

In der „Geschichte der Ratsapotheke in Osterode am Harz 1574-1951" (Verfasser Hans Volz in Göttinger Mitteilungen für genealogische, heraldische und verwandte Forschung" 4. Jg. Nr. 4, März 1951) ist der Name Meyer in Verbindung mit einem Apotheker nur als

Bewerber um die Pacht dieser Apotheke im Jahr 1791 zu finden:

„Unter diesen Bewerbern befand sich auch der damals 32-jährige Provisor der Oldenburger Apotheke Gottlieb Jakob Meyer, ein Sohn des Bergfaktors in Clausthal Franzheinrich Christoph Meyer…"

Weiterhin ist von Interesse, dass in der Geschichte der Osteröder Ratsapotheke Christoph Wilhelm Hinck, welcher die Pacht 1792 erhielt, „hatte fünf Jahre in Clausthal gelernt".

Welche Beziehungen hier bestanden, müssten durch Recherchen in den Kirchenbüchern geklärt werden, was jedoch nicht die Absicht des Autors für diese Schrift war, die sich dem Wirken von ILSEMANN vor allem auch als Chemiker widmen soll.

Sohn Julius Christoph ILSEMANN

Der genannte Sohn, *gelehrter Apotheker, Chemiker und Mineralog*, war JULIUS CHRISTOPH ILSEMANN (1779-1828) (und nicht „Karl Frdr. (1786-1865)", wie von H. Dennert genannt). Dieser war auch der genannte Nachfolger seines Vaters – bis 1822. Er wird in der Geschichte der Bergakademie wie folgt genannt:

„Der Bergkommissär I l s e m a n n jun. (Sohn von J. Chr. Ilsemann) trägt Chemie mit besonderer Rücksicht auf Metallurgie und Halurgie wie bisher in seiner Wohnung mit Benutzung seines Laboratoriums vor."

Im „Königl. Großbr. Hann. Staats-Kalender" wird er 1819 als *Jun. Lehrer der Chemie* genannt. Sein Todesdatum steht in „Neuer Nekrolog der Deutschen" (Band 6, 2. Teil, 1828) unter *„1194. D. 22. zu Braunschweig der*

*Bergcommissär Julius Christoph Ilsemann aus Clausthal –
im 48. Lbsj.".*

Georg MÜLLER führte Christoph Julius Ilsemann mit den
Lebensdaten 28.08.1779 Clausthal – 24.11.1828 Braunschweig als Lehrer an der Bergschule von 1810 bis 1821
sowie „Provisor Bergapotheke Clausthal 1818 bis 1822,
Apotheker Bergapotheke Clausthal 1822 bis 1827" in
„Technische Universität Clausthal. Der Lehrkörper 1775-
1999, Hrsg. TU Clausthal anläßlich ihrer 225-Jahr-Feier
2000 – S. 54) an. Die als „Bergapotheke" bezeichnet war
jedoch die Apotheke in Zellerfeld, die Ilsemannsche
Apotheke war die Raths-Apotheke in Clausthal. Das
„Studium der Chemie und Naturwissenschaften" absolvierte Ilsemann jun. an der Universität Göttingen von
1798 bis 1801 (er war auch Hörer von LICHTENBERG in
der Physik – nach Hans-Joachim Heerde, Das Publikum
der Physik. Lichtenbergs Hörer, Wallstein Göttingen
2006).
Über ILSEMANN jun. berichtete auch Hans BUROSE (s.
Kap. Lehrtätigkeiten) – unter der Überschrift: *„Ilsemann
jun. führt die Vorlesungen des Vaters fort"* (s. S. 130).

Fortsetzung DU MÊNIL:
*In seinem Wirken als Apotheker verrieth er alle
Eigenschaften, die nicht nur den pünktlichen und
ordnungsliebenden Geschäftsmann charakterisiren,
sondern ihn auch als treuen und gewissenhaften Ausüber
seiner Pflichten ehrwürdig machen. Gute Gehilfen
blieben daher recht lange bei ihm, so fühlten es, daß ein
Mann, der Wichtigkeit der Pharmazie in dem Maaß, wie*

I l s e m a n n es that, stets vor Augen hatte, auch ihr Bestreben, sich darin nützlich zu machen, erkennen würde, und fanden diese ihre Meinung täglich bestätigt; denn zwar nicht mit einer Familiarität [im Sinne von Vertraulichkeit]*, wie sie schwachen Menschen eigen ist, und wie sie nur anmaßende und verbildete junge Pharmazeuten jetzt oft verlangen, sondern mit einem von Milde und Festigkeit gemischten Wesen begegnete er ihnen, nahm auch selbst ihren Rath gern an, so wie er immer bereit war, mit offenem Herzen mitzutheilen, was ihn reifere Erfahrung zu unterlassen und zu thun gelehrt hatte.*

Von Männern, die ich vorzüglich als dankbare Zeugen seiner wünschenswerthen Gemüthseigenschaften kenne und kannte, nenne ich den würdigen M e y e r in Neustadt am Rübenberge, den achtungswürdigen K o h l i in Coppenbrügge und den verstorbenen H e i s e in Butzow. Ersterer brachte 15 vergnügte Jahre in dem I l s e m a n n schen Hause zu; denn eine frühere Trennung von selbigem, so vortheilhafte Ansichten sich ihm, seine Glück anderswo zu machen, auch oftmals darboten, schien ihm unmöglich.

ERLÄUTERUNGEN

Zum Apotheker *K o h l i in Coppenbrügge* finde ich folgende Notiz im „Archiv des Apothekervereins im nördlichen Teutschland..." (Band XXIV, 1828):

„Der verstorbene Apotheker Kohli in Coppenbürge, ein sehr achtungswerther Mann, fand unter alten Materialien seiner Officin eine Quantität Ammoniakalaun [Ammonium-Aluminium-Sulfat]. Die Auflöslichkeit(s)-Bestimmung des Alauns in Wasser war in der dritten Ausgabe der Pharmakopoe nicht aufgenommen, in der neuesten ist sie angegeben worden..."

Offensichtlich war Kohli als Apotheker in der heute Hölty'sche Apotheke (gegründet 1784) genannten Apotheke in Coppenbrügge, Niederstraße 10, tätig. Er verstarb am 24. Juni 1828 als angesehener „Kreisdirektor des norddeutschen Apothekervereins".

Apotheker H e i s e war möglicherweise in der ältesten Apotheke von Bützow (Privileg von 1604), der Rats-Apotheke in der Nähe des Marktes der mecklenburgischen Stadt tätig, in der sich von 1760 bis 1789 auch eine Universität befand.

Zum *würdigen M e y e r in Neustadt am Rübenberge* erhielt ich aus dem „Niedersächsischen Landesarchiv, Archiv der Region Hannover) keine eventuell relevante Angaben. Ein Apotheker namens Dietrich Christian Meyer war bereits am 24. September 1782 verstorben. In Crell's Chem. Ann. wird aber noch 1786 als Bezieher der Zeitschrift (Pränumeranten) der Apotheker Meyer aus Neustadt am Rübenberge genannt.

I l s e m a n n war gern in Gesellschaften, und hier von besonders heiterer Stimmung, so daß selbst die Jüngsten den frohen und biedern Greis gern unter sich sahn. Gelang es ihm dann, mit Jemandem der Anwesenden ein wissenschaftliches Gespräch anzuknüpfen, so redete er über seinen Gegenstand mit Wärme und mit vieler Liebe, wenn er merkte, daß ersteres gegenseitig belehrend ausfiel.

Ein fast jährlich wiederkehrendes Podagra [Fußgicht] *hielt ihn oft längere Zeit im Hause, verstimmte ihn jedoch, so schmerzhaft es auch manchmal war, auf keine für seine Hausgenossen empfindliche Weise. Guter Wein, mäßig genommen, war dann gewöhnlich seine beste Arznei. Lang gewohnte Sparsamkeit, welche, wie man weiß, bei den Alten gemeiniglich mit jedem Jahre zunimmt, soll ihn indeß hin und wieder abgehalten haben, sich der allerbesten Weine, als solcher, die ihm vielleicht am zuträglichsten gewesen wären, zu bedienen.*

Wie sehr er den Werth der Wissenschaften kennen gelernt hatte, beweist der ausgezeichnete Unter-richt, welchen er seinen Kindern geben ließ, wenn er daher in andern Dingen genau schien, so kann man sagen, war er hierin auf eine sehr nachahmungswürdige Art gleichsam verschwenderisch; aber welcher Vater sollte dieses nicht, wenn er, wie es hier zutraf, in seinen Kindern Talent und Kraftfülle des Geistes wahrnimmt, und das Vermögen besitzt, diese herrlichen Güter ausbilden und üben lassen.

Mit eigentlich großen Anlagen war I l s e m a n n nicht begabt, auch schien der durchdringende Geist eines S c h e e l e, B e r g m a n n oder W e s t r u m b s nicht in ihm zu wohnen, dagegen aber hatte er sich durch ausdauernden Fleiß einen so reichen Schatz mancher trefflicher Kenntnisse aus dem Gebiete der Chemie und Physik zu eigen gemacht, daß er s e l t e n genannt werden konnte. Die Gelegenheit zu Clausthal, dem Centro alles bergmännischen Betriebes auf dem Harz, und häufige Auffroderung zu chemischen Unter-

suchungen, setzten ihn in den Stand, die Früchte seines Nachdenkens und seiner mannichfaltigen Erfahrungen in der Chemie auf den dortigen docimastischen Arbeiten und auf die Hüttenkunde sehr vortheilhaft für den Staat anzuwenden, aber sie hielten höchstwahrscheinlich auch ab, für die wissenschaftliche Pharmazie nicht alles das zu thun, was er wohl wünschte und war man sonst von einem solchen Mann erwartet hätte, seine Verbesserungen hierin beschränkten sich daher nur auf seine eigne Apotheke und wurden nie öffentlich bekannt.

ANMERKUNGEN

Die Beurteilung von Du Mênil positiv gesehen, war ILSEMANN weniger Pharmazeut als ein (angewandter) CHEMIKER!

Als *Docimasie* bezeichnete man die metallurgische oder berg- und hüttenmännische *Probierkunst*, die Kenntnis und Anwendung von Verfahren, Mineralien und Produkte der Schmelzhütten in kurzer Zeit auf ihre Bestandteile zu untersuchen – s. auch in Kap. 3 zur *Eisenprobe* (S. 106).

EXKURS zu *Scheele, Bergmann und Westrumb*

Carl Wilhelm SCHEELE
(1742-1786)

Torbern Olaf BERGMAN(N)
(1735-1784)

Johann Friedrich WESTRUMB (1751-1819)

Carl Wilhelm SCHEELE (1742-1796)

C. W. Scheele wurde als Sohn eines Kaufmanns im damals schwedischen Stralsund geboren – sein

Geburtshaus in der Fährstraße ist erhalten (heute Restaurant und Hotel). Bis zum 14. Lebensjahr besuchte er eine Privatschule. Als Apothekenlehrling war er von 1757 bis 1765 nach Göteborg (damals Gothenburg) bei dem mecklenburgischen Apotheker M. A. Bauch. Hier hatte bereits sein frühzeitig (1754) verstorbener älterer Bruder seine Lehre absolviert. Nach dem Verkauf der Bauchschen Apotheke 1765 zog Scheele zum Apotheker Kjellström in Malmö; ab 1768 wirkte er als Apotheker in Stockholm, ab 1775 in Uppsala. Ab 1776 führte er seine eigene Apotheke in Köping. Scheele war entscheidend an den Entdeckungen der chemischen Elemente Wasserstoff (1769/70), Stickstoff (1768-1772), Fluor (1770), Chlor (1771), Sauerstoff (1772/73), Barium (1772/73), Molybdän (1778) und Wolfram (1779/80) beteiligt. In seiner fundamentalen Arbeit „Chemische Abhandlung von der Luft und dem Feuer" (erschienen 1777) beschreibt er die Entstehung von Sauerstoff (als *Feuerluft* bezeichnet) u.a. aus Mangandioxid.

Torbern Olof BERGMAN(N) (1735-1784)
Bergmann wurde als Sohn eines Steuereinnehmers geboren, studierte ab dem 17. Lebensjahr zunächst Theologie an der Universität Uppsala, wo er sich jedoch den Naturwissenschaften zuwandte und 1758 promovierte. Er wurde Physikdozent (1760), dann Professor für Mathematik (1761) und ab 1767 Professor für Chemie an der Universität Uppsala. Er wird in der Chemiegeschichte als der größte Analytiker seines Jahrhunderts bezeichnet und zählt zu den Begründern der mineralogischen Chemie.

Johann Friedrich WESTRUMB (1751-1819)
Westrumb absolvierte seine Apothekenlehre in der Hof-
Apotheke zu Hannover, war als Apothekengehilfe in
Frankfurt an der Oder und in Brandenburg tätig, bevor
er 1779 die Raths-Apotheke in Hameln auf Lebenszeit
pachtete. Dort führte er u.a. zahlreiche Analysen von
Mineralwässern durch.

Du Mênil:

*Es wollen einige bemerkt haben, daß er nicht
ohne Eigenliebe war, daß er seine Kenntnisse, wo es
anging, gern in Anschlag brachte, dadurch das Verdienst
anderer leicht übersah, oder doch nicht gehörig
würdigte, daher eine Seiten blicken ließ, die man an dem,
welche übrigens unsre Achtung verdient, nicht gern
sieht; erwägen wir aber, daß I l s e m a n n eine lange
Reihe von Jahren in der That der Einzige war, welcher mit
tiefer Sachkunde den chemischen Theil der Bergwerkswissenschaften auf den Harze cultivirte, daher sehr
häufig die Methoden angab, nach welchen das Ausbringen mancher Erze vor sich ging, daß immer er um
Rath gefragt wurde, er der Lehrer der ersten
Hüttenmänner war, z. B. selbst des gelehrten Berghauptmanns v o n R e d e n und v o n T r e b r a u.s.w., daß
er also auf weiten Strecken Niemanden fand, der ihn
übertroffen hätte, daß er auf dem engen Clausthal – aus
welchem er sich selten entfernte – von der großen Welt,
wo man sich die Kenntniß seines wahren Werths, in
gewisser Hinsicht, fast nur allein erwirbt, gleichsam
ausgeschlossen war, daß er hier alle seine Anschläge*

gebilligt sah, daß man eingedenk seiner Verdienste, es vielleicht auch sorgfältig vermied, ihn auf seine Schwächen aufmerksam zu machen; so wird es dem Menschenkenner nicht entgehn, daß er, unbeschadet der besten Gemüthsart, nach und nach unwillkührlich eine Meinung seines Wissens annehmen mußte, die er in einer anderen Lage gemißbilligt haben würde. Es giebt aber noch andere Ansichten, von welchen aus solche scheinbare Anmaßungen in sich selbst zerfallen, z. B. ist unser Ehrgefühl durch die oft schlechte Anerkennung unsrer Würde gekränkt, und sehr wird zugleich den Mittelmäßigen durch ihm ertheiltes übertriebenen Lobe aufgeblasen, so gehört in der That der höchste Grad von Gleichmuth dazu, letzteres mit vollkommener Gelassenheit anzuhören, äußert man sich dann über solche Individuen, selbst unter vier Augen, so werden unsre Urtheile nicht selten von einseitigen Menschen aufgefangen und als Produkte der Selbstliebe und des Eigendünkels verbreitet u.s.w.

I l s e m a n n lebte übrigens in einer Epoche, wo schon geringere Entdeckungen in der Chemie sehr herausgehoben wurden, denn konnte man damals die Darstellung des Bleibaum's, oder die Erfindung von sympathetischen Dinten für etwas ganz Besonderes halten, wie mußte er sich nicht durch andere weit wichtigere chemische Produkte seines Fleißes geehrt fühlen, sich auf selbige mit Recht etwas zu Gute thun, und sie als merkwürdige Dinge mitzutheilen bewogen werden.

Im Allgemeinen erzählen bejahrte Männer, um ihre Verdienste erkannt zu wissen, oft mit liebenswürdiger Redseligkeit, was sie einst leisteten; sich ihrer jetzigen Ohnmächtigkeit bewußt, können sie nicht mehr beweisen, was sie vermochten, die Zeugen ihrer früheren Wirksamkeit sind nicht mehr, sie selbst also müssen ihre Stelle vertreten, oder den immer angenehmen Beifall anderer entbehren u.s.w. Hartherzig würde es seyn, ihnen diese schwache Seite nicht verzeihen, ja sie nicht unterstützen zu wollen, da sie oft so viel zur Zufriedenheit und zum Glücke der guten Alten beiträgt. Gern that ich dieses, als ich mich vor einigen Jahren bei diesem ehrwürdigen Greis befand, eine Wonne war es mir, ihn versichern zu können, daß seine chemischen Arbeiten von mir wie von vielen andern stets hochgeschätzt sind, daß man sich allgemein freuen, ihn noch unter den Lebenden zu wissen u.s.w. Seine Antworten von der Bescheidenheit dictirt, waren des braven Mannes würdig.

L e n t i n, dieser so große als menschenfreundliche Arzt, war inniger Freud I l s e m a n n s, ein nicht geringer Ruhm für letztern. Unaussprechlich freuete er sich, ihn in Lüneburg (1794?) zu sehn; L e n t i n *), in dessen Hause ich die günstigste Aufnahme genoß verkündigte mir die Ankunft seines alten Freundes, stellte mir ihn als Muster von Geschicklichkeit vor und ermunterte mich, einst in seine Fußstapfen zu treten.

*) Diesem hochverehrten Mann danke ich vieles, mit zuvorkommender Güte lieh er mir manches Buch dar, welches meinen damals beginnenden Studien vielleicht eine gut Richtung gab, z. B. G m e l i n s, M u r r a y und andere Werke.

[Johann Friedrich GMELIN (1748-1804), ab 1778 o. Prof. für Chemie, Botanik und Mineralogie – John MURRAY (1778-1820; schottischer Chemiker), Autor u.a. des Lehrbuchs „Elements of Chemstry" 1801]

EXKURS zu LENTIN

Leberecht Friedrich Benjamin LENTIN (1736-1804) war königlich großbritannischer und kurfürstlich braunschweig-lüneburgischer Leibarzt in Hannover. Er wurde als Sohn des zweiten Bürgermeisters und Vorstehers des großen Armenhauses in Erfurt geboren, besuchte bereits mit 13 Jahren die dortige Universität und studierte ab 1754 in Göttingen Medizin, wo er am 17. September 1756 promovierte. Aus der sehr ausführlichen Biographie von Ernst Gurit in der ADB (1883) werden im

41

Folgenden die wichtigsten Stationen seines Wirkens (nach der Promotion) aus dem Originaltext (Orte vom Autor G.S. kursiv gesetzt) zitiert:

„L. ließ sich darauf in dem Landstädtchen *Diepholz* nieder, erhielt auch das dortige Landphysikat, aber ohne Besoldung, und vertauschte zwei Jahre später dieses mit dem erledigten Physikat in *Dannenberg*, wo die Besoldung in 75 Thlrn. bestand. Auch hier war die Praxis, trotz ihres Umfanges und ihrer Beschwerlichkeit, so wenig einträglich, daß sein Einkommen nicht mehr als 3-400 Thlr. betrug und er oft in Geldverlegenheiten war. (…) Nachdem L. 13 Jahre lang in Dannenberg der Wohlthäter und Retter der ganzen Umgegend gewesen war, folgte er einem Rufe als Physikus und Garnisonsmedicus nach *Ratzeburg*, wo er, unter günstigen Außenverhältnissen von 1771 bis 1774 ein glückliches Leben führte. Um besser für seine zahlreiche Familie sorgen zu können, nahm er jedoch in dem letztgenannten Jahre die mit 600 Thlr. dotierte Stelle eines *Bergmeidcus und Stadtpysikus* in *Clausthal* an, woselbst er kurze Zeit nach seiner Uebersiedelung ,Beobachtungen einiger Krankheiten', Göttingen 1774, veröffentlichte. Aber auch in *Clausthal* hatte L. trotz großer Strapazen, eine von Nahrungssorgen nicht freie Existenz und nur die Anerkennung, die seinen schriftstellerischen Leistungen gezollt wurde, konnte ihm seine Lage erträglich erscheinen lassen. (…)"

1800 erschien eine deutsche Übersetzung seiner zunächst in lateinischer Sprache veröffentlichten Abhandlung mit dem Titel:

Denkwürdigkeiten, betreffend Luftbeschaffenheit, Lebensart u.s.w. der Einwohner Clausthals

„1783 veröffentlichte er eine Fortsetzung seiner ‚Memorabliia' unter dem Titel ‚Beobachtungen der epidemischen und einiger sporadischer Krankheiten am Oberharze vom Jahre 1777 bis inculsive 1782'. Einen in demselben Jahre, 1783, an ihn ergangenen Ruf als Professor nach *Göttingen* lehnte er, aus nicht näher bekannten Gründen, ab, nahm aber 1787 das erledigte Physikat in *Lüneburg* an, wo er sich wohl fühlte, und wo man ihn so verehrte, daß er die 1793 von der Kriegskanzlei in Hannover an ihn ergangene Berufung zum ersten Feldmedicus ablehnte. –

(...)

Mit schwerem Herzen schied L. 1796 von dem ihm liebgewordenen *Lüneburg*, als er in diesem Jahre zum zweiten Leibmedicus in *Hannover* ernannt wurde. Fast gleichzeitig hatte er eine Vocation nach *Kopenhagen*, als königl. dänischer Leibarzt, unter sehr günstigen Bedingungen erhalten, dieselbe aber abgelehnt. Trotz der großen Conkurrenz von Aerzten, welche L. in *Hannover* vorfand, wurde er auch hier in kurzer Zeit Liebling der gebildeten, ärztlichen und Laienpublicums und trotzdem er in *Hannover* noch mehr als in Lüneburg durch die Praxis in Anspruch genommen wurde, war seine literarische Thätigkeit auch hier eine sehr fruchtbare. (...)"

Diese Auszüge aus dem Lebensweg von LENTIN erklären sowohl die Bekanntschaft mit unserem ILSEMANN in Clausthal als auch die Beziehung zu Du Mênil, der in der Nähe von Hannover lebte und wirkte. LENTIN war von

1774 bis 1787 in Clausthal tätig. Er starb am 26. Dezember 1804 in Hannover.

Nachfolger von LENTIN wurde der aus Göttingen stammenden J. F. W. BÖHMER (1754-1788), Ehemann der durch ihre Briefe (und späteren Ehen) bekannten Caroline Michaelis-Böhmer-Schlegel-Schelling (s. Bericht von Axel Wellner). Böhmer starb im Alter von nur 34 Jahren an einer Wundinfektion. Er wohnte mit seiner Frau in einem Haus gegenüber der Marktkirche, ganz in der Nähe von Ilsemanns Apotheke.

Fortsetzung Du Mênil:

Sey es, daß er seinen Sohn frühere Gelegenheit zu eigenem Etablissement gab, oder daß er den wahren Grundsatz zu sehr festhielt, „man müsse seinen Kindern das geführte Geschäft nie ehender abtreten, als die Kraftlosigkeint daran nöthigt," genug, er verwaltete seine Apotheke 60 Jahre lang ohne Hülfe, und ich wiederhole es gern, mit ruhmwürdiger Arbeitsamkeit, Genauigkeit und Gewissenhaftigkeit, d. h. erst gegen das Ende seines Lebens übertrug er selbige dem Sohne.

Es ist oft wenig, was von den Arbeiten eines thätigen Chemikers in das Publikum kommt, dieses war vornehmlich bei ihm der Fall, vielleicht würden Folianten nicht fassen, was sein rastloser Fleiß des Aufzeichnens werthes hervorbrachte; unter diesen gehören z. B. seine Versuche über die Reinigung des Bariumoxids vom Eisen, über das Molybdän, über die Bereitung des Knallsilbers, über die Reduction des Silbers aus seiner Auflösung mittels Phosphors, über die Gegenwart des Mangans im Eisen, in der Pflanzenasche u. s. w.

[Einige dieser Arbeiten werden in einem eigenen Kapitel vollständig nach den Originalveröffentlichungen zitiert und mit dem Wissen von heute erläutert.]

In der Geschichte der Chemie erwähnt G m e l i n seiner ehrenvoll, auch in manchen andern Schriften sieht man ihn citirt.

Johann Friedrich GMELIN: Geschichte der Chemie seit dem Wiederaufleben der Wissenschaften bis zum Ende des 18. Jahrhunderts, Göttingen 1799 – darin wird ILSEMANN 11 mal zitiert!

I l s e m a n n machte sich durch schöne Eisenproben besonders um den Harz verdient; seine Versuche in dieser Hinsicht gingen besonders dahin, das kalt- und warmbrüchige Eisen anwendbarer zu machen, den Schwefel aus den Kiesen mittelst Kalk u. s. w. zu trennen. Der oben erwähnte sehr gescheidte Berghauptmann v o n R e d e n, den dieser Gegenstand sehr interessirte, wiederholte dann gewöhnlich solche Untersuchungen gemeinschaftlich mit ihm; jener, wie auch der berühmte T r e b r a, welcher bei solchen Gelegen-heiten die Sachkenntniß, mit welcher unser Chemiker Processe dieser Art durchführte, wie auch sein tiefes Wissen in der Mineralogie u. s. w. kennen lernten, schätzten ihn sehr hoch, und ehrten ihn durch neue fast tägliche Beweise ihrer Zuneigung. Als Begünstigung des Gouvernements und des Magistrats kann man wohl annehmen, daß er die unter seiner Leitung sehr einträglich gewordene Apotheke zu einer äußerst geringen Pacht behielt.

[Zu den Berghauptmänner von REDEN und von TREBRA s. im speziellen Kapitel 5 – ab S. 135.]

Sehr nützlich machte er sich noch durch den Unterricht, welchen er angehenden Hüttenleuten ertheilte; bei der Accuratesse, und bei dem Glücke, mit welchem er arbeitete, bei der großen Erfahrung, welche er sich bei der Schmelz- und Hüttenkunde erworben hatte, konnte es nicht anders seyn, als daß seine Lehrmethode den erwünschtesten Eingang fand, und daß er durch seinen Unterricht selbst dem Bergwesen ungemein nützte; dieses fühlend, war daher eine Zeit, in *welcher er nicht nur wie immer mit dem besten Willen, sondern auch mit wahrem Eifer Chemie etc. vortrug. Frei von allem Eigennutz bekleidete er sein Lehramt fast 25 Jahre lang. Der König ertheilte ihm daher, zum Beweis der Anerkennung seiner wichtigen Dienste, den damals ausgezeichneten Charakter eines Bergcommissärs.*

[König Georg III. von Hannover seit 1814 bis 1820]

Gewiß war er in Allem, was die Mineralogie bis auf die neueren Zeiten darbot, vollkommen zu Hause; seine Mineraliensammlung ist sicher eine der instructivsten und an Prachtstücken reichsten in Europa. Daß er sie seinen pharmaceutischen Zeitgenossen gern zeigte, so wie er letztere überhaupt an seinen öffentlichen chemischen Vorträgen Theil nehmen ließ, brauche ich wohl nicht erst zu sagen.

Es leidet keinen Zweifel, daß I l s e m a n n nicht Mitglied mancher gelehrten Gesellschaft gewesen seyn sollte, welcher, habe ich nicht erfahren können. Wenn – wie sein mit vielem Gefühl geschriebener Dankbrief davon zeugt – ihm die Beförderung zum Ehrenmitgliede des norddeutschen Apothekervereins Freude machte, so war das Direktorium desselben noch mehr beglückt, dem edlen Veteran gewiß aller europäischen Apotheker, Chemiker und Mineralogen dadurch einen schwachen Beweis ihrer Verehrung gegeben zu haben.

[Es folgt ein Verzeichnis von ILSEMANNs Schriften, das in einem eigenen Kapitel 3 ab S. 52 zitiert wird.]

I l s e m a n n starb den 13ten October 1822 im 94ten Jahre, und würde sein Alter wahrscheinlich weit höher gebracht haben, wenn der Schrecken einer Feuersbrunst nicht sehr nachtheilig auf seine Gesundheit gewirkt hätte. Manche Thräne floß dem hochverehrten Greis!

N a c h s c h r i f t.
Von R. Brandes.

_____

Ich kann nicht unterlassen, das gütige Schreiben des verehrungswürdigen Greises, dessen Leben mein College D u M e n i l so trefflich geschildert hat, welcher mir nach Empfang des Ehrendiploms unseres Vereins sandte, aus der Vereins-Correspondenz von 1822 meinen Lesern mitzutheilen. Der kindliche Sinn, hohes Bewußt-seyn redlicher Pflicherfüllung und die Freude über ein nützlicher Thätigkeit geweihtes Leben wird freundlich einem Jeden daraus ansprechen und lieb gewinnen lassen den Greis, der am Abend seines Lebens mit zitternden Hand, aber mit starkem und Gott ergebenem Herzen also schreiben konnte.

„Ew. Wohlgeb. sehr geehrtes Schreiben nebst Beilag ist mir wohl geworden, ersehe daraus, daß man mir die Ehre gezeigt hat, mich zu einem Ehrenmitgliede des Apotheker-vereins aufzunehmen. 10 Jahre ehender wäre es mir noch angenehmer gewesen.

Da Thätigkeit die Würze des Lebens ist: so habe auch, sobald es geschehen konnte, Chymie fleißig getrieben, als Sohn eines Apothekers neue Bücher anschaffen, Experimente machen, und da vor 50-60 Jahren die Gehülfen von Chymie noch nicht viel wußten: so habe manchen gebildet. Nachher habe 30 Jahre 150 jungen Schmelzhütten-Eleven gegen Gehalt vom König, ein Collegium mit einigen hundert Experimenten über Chymie, Mineralogie, besonders Metallurgie und Docimasie gelesen, auch manchen guten Rath bei dem Schmelzen der Erze ertheilt, über dessen großen Nutzen mich noch freue. – Verzeihen Sie, daß Ihnen das alles erzähle, ist keine Pralerey. Kann nicht umhin, beim Zurückblicken am Abend meines Lebens mich über meine Thätigkeit zu freuen. – Allein nachdem ich 90 Jahre zurückgelegt hatte, habe auf alle diese Geschäfte Verzicht geleistet, bin kein Apotheker mehr, wohne in einem anderen Hause als Privatmann 4 Jahr, bin also 94. So wie ein neues Jahr antrete, ist es immer zweifelhafter, ob ich das Ende erlebe, bin nun lange der Aelteste in der Stadt, habe zwar noch eine ziemliche Gesundheit, lese ohne Brill; mit allen dem sind meine Gedanken hauptsächlich nach der Ewigkeit gerichtet. Danke nochmals für die erzeigte Ehre und verharre in größter und herzlichster Hochachtung

Ew. Wohlgeb.

Ergebenster

Joh. Chr. Ilsemann.

———————

EXKURS zu Rudolph BRANDES

Simon Rudolph Brandes (1795-1842) wurde als Sohn des aus Braunschweig zugezogenen Apothekers Johann Gottlieb Brandes (1751-1816) in Salzuflen geboren. Es absolvierte seine Ausbildung zum Apotheker von 1809 bis 1813 in der Hirsch-Apotheke zu Osnabrück; ab 1815 studierte er in Halle Pharmazie, Chemie, Botanik, Mineralogie, Logik und Mathematik, wechselte 1816 an die Universität Erfurt und promovierte an der Universität Jena zum Doktor der Philosophie (nach anderen Biographie zum Dr. med. in Halle). 1819 übernahm er die väterliche Apotheke.

Rudolph BRANDES

1820 schlossen sich die Apotheker Rudolph Brandes, Peter Du Mênil aus Wunstorf, Ernst Witting aus Höxter und der Mediziner Friedrich Wilhelm Beissenhirtz (1779-1831) aus Minden zum Apothekerverein in Westfalen zusammen – 1821 als *Apotheker-Verein im nördlichen Teutschland* neu begründet. Brandes wurde dessen Oberdirektor und 1822 Mitbegründer der Vereinszeitschrift *Archiv der Pharmazie*. Er gilt als einer der organisatorisch und auch wissenschaftlich aktivsten Apotheker seiner Zeit.

3. Aus ILSEMANNS Veröffentlichungen

Übersicht

Das von Du Mênil im Anschluss an den Lebensbericht angegebene Verzeichnis der Veröffentlichungen von ILSEMANN nennt 13 Arbeiten zwischen 1782 und 1790:

1) *Ueber Eisenproben*, in Lichtenbergs und Forsters Götting. Magazin der Wissensch. Jahrg. 2. St. 6. S. 377-409. (1782); fern in Crells neuesten Entdeckungen in der Chemie, Th. 6. Seite 31-55 (1782), und in dessen Auswahl aus den neuesten Entdeckungen B. 2. S. 169 folg. (1786).

2) Versuche in einem ganz strahligten glänzenden Braunstein von Ilefeld, und den daraus erhaltenen König. In Crells neuen Entdeckungen T. 4. S. 24-42 (1782), und in dessen Auswahl B. 1. S. 348 465 (1786).

3) Briefe chemischen Inhalts. In Crells neuesten Entdeckungen Th. 5. S. 90. In dessen Auswahl Bd. 2 S. 117. und in dessen chemischen Annal. 1788. St. 9. S. 244.

4) Ueber die Behandlung eines sich nicht entzündenden Pyrophorus. In Crells neuest. Entdeckung. Th. 5. S. 83, und in dessen Auswahl Bd. 2. S. 111.

5) Bereitung einer sympathetischen metallisch glänzenden Dinte. In Crells neuest. Entdeck. Th. 9. S. 29-31 (1783), und in dessen Auswahl B. 3. S. 26-28.

6) Versuche über eine blaue sympathetische Dinte aus Kobold. In Crells chem. Annal. 1785. St. 7. S. 25 und St. 8. S. 130.

7) Untersuchung der grauen Wacke von der Grube Dorothea zu Clausthal. Ebend. St. 11. S. 413.

8) Metallischer Niederschlag des Zinns auf dem nassen Wege. Ebend. 1786. St. 5. S. 400.

9) Ueber das Wasserblei von Altenburg. Ebend. S. 407-411.

10) Von der Verbesserung der Eisenproben. Ebend. 1787. St. 12. S. 505.

11) Ueber den neulich bekannt gemachten kubischen Quarz. Ebend. 1788. St. 3. S. 208.

12) Ueber ein Bittersalz, welches sich in den Silbergruben Dorothea und tiefer Johannes auf dem Oberharze im Clausthaler Bezirke, desgleichen aus der Grube Haus Hannover und Braunschweig, bei Zellerfeld belegen, findet. Ebend. 1789 St. 9. S. 199-205.

13) Vom Niederschlage eisenhaltiger Schlacken und deren Anwendung bei dem Schmelzen schwefelichter Bleierze. In der Bergbaukunde B. 2. S. 394. (1790).

EXKURS zu Lorenz CRELL und dessen Zeitschriften

Lorenz Florenz Friedrich (von) CRELL (1745-1816) wurde in Helmstedt als Sohn des Medizinprofessors Johann Friedrich Crell geboren. Er studierte an der dortigen Universität Medizin und promovierte 1768 zum Dr. med. Danach trat er eine Studienreise durch England an. 1771 wurde an zum Professor für Chemie am anatomisch-chirurgischen Institut in Braunschweig, dem Collegium Carolinum, ernannt.

1773/74 erfolgte die Ernennung zum o. Professor in der medizinischen Fakultät der Universität Helmstedt. Nach der Schließung der Universität Helmstedt 1810 wechselte er an die Universität Göttingen, wo zu dieser Zeit der Chemiker F. Stromeyer wirkte. Am erfolgreichsten war Crell als Herausgeber chemischer Zeitschriften.

Dazu schrieb Dietrich von Engelhardt (in „Indices naturwissenschaftlich-medizinischer Periodica bis 1850", hrsg. von Armin Geus, Stuttgart 1974) in seiner Einführung u.a.:

„Ein wesentlicher Platz in der Geschichte der Fachzeitschriften gebührt den von Lorenz Florenz Friedrich von Crell herausgegebenen chemischen Zeitschriften. (...) 1778 erschien der erste Band des *Chemischen Journals*. Es wurde 1781 mit *Die neuesten Entwicklungen in der Chemie* fortgesetzt; diese gingen 1784 in die *Chemischen Annalen* über, deren Erscheinen 1804 eingestellt wurde. Die Originalabhandlungen aus *Den neuesten Entdeckungen* wurden 1786/87 erneut mit Anmerkungen und einigen neuen Aufsätzen als *Auswahl aller eigenthümlichen Abhandlungen und Beobachtungen aus den neuesten Entdeckungen in der Chemie* herausgegeben. Die *Chemischen Annalen* wurden von 1785-99 von den *Beyträgen zu den chemischen Annalen* ergänzt. Neben dieser der unmittelbaren Forschung gewidmeten Zeitschriftenfolge, die im Grunde nur als eine einzige sich wandelnde Zeitschrift anzusehen ist, gab Crell mit dem Ziel einer Vergegenwärtigung vergangener Beobachtungen, Überlegungen und Erkenntnisse ein *Chemisches Archiv*, später *Neues Chemisches Archiv* und schließlich *Neuestes Chemisches Archiv* in den Jahren zwischen 1783 und 1798 heraus. (…) 1804 beendete Crell seine Herausgebertätigkeit mit dem 40. Band der *Chemischen Annalen*…"

Chemische Annalen

für

die Freunde der Naturlehre,
Arzneygelahrtheit, Haushaltungskunst
und Manufakturen:

von

Lorenz von Crell,

der Weltweisheit und Arzneygelahrtheit Doctor,
Herzogl. Braunschweig-Lüneb. Bergrathe; der theoret. Arzneygelahrtheit, und Materia medica, wie auch der Weltweis-
heit ordentl. öffentl. Lehrer, und der Herzogl. Gesellschaft
practischer Aerzte zu Helmstädt Beysitzer; der Röm. Kaiserl.
Akademie der Naturforscher Adjuncte; der Russisch. Kaiserl.
Akad. d. Wissensch. der Kön. Engl. Societät zu London, der
Kön. Preuß. Akad. der Wissensch. zu Berlin, und der Kön.
Societ. zu Frankfurt a. d. Oder, der Kön. Schwed. Akad.
zu Stockholm, u. d. Kön. Societ. zu Upsala, der Kön. Akad.
d. Wissensch. zu Edinburg u. Dublin, d. K. Dän. Societ. d.
Wiss. u. d. Aerzte zu Koppenhagen, d. Kön. Akad. zu Siena,
d. Churf. Maynz. Ak. d. Wiss. zu Erfurt, wie auch d. Churpfälz.
Ak. zu Mannheim, d. Kaif. fr. öken. Gesellsch. zu Petersburg,
d. Ackerwirthsch. zu Florenz, d. Wiss. zu Haarlem u. Rotterd.
d. naturf. Freunde zu Berlin, Halle, Danzig, Manchester,
Göttingen; Jena, Brüssel, d. Wissensch. u. Künste zu Genf,
d. Bergbaukunde, d. Amerikan. zu Philadelphia, u. d. Burgh.
Gesellf. der sittlich. u. landwirthschaftl. Wissensch. Mitgliede;
der Königl. Gesellschaft zu Göttingen und d. K. Ak. d.
Wiss. zu Turin Correspondenten.

Zweytes Stück 1797.

Eine zweite Übersicht zu ILSEMANN's Veröffentlichungen, von den Angaben Du Mênils etwas
abweichend bzw. ergänzend, vermittelt Johann Friedrich
GMELIN in seiner *„Geschichte der Chemie: seit dem
Wiederauflaben der Wissenschaften bis an das Ende des
18. Jahrhunderts"* (in drei Bänden, Göttingen 1799) – S.
502 im 3. Band:

Hr. Bergcommiss. J. C. I l s e m a n n zu Klausthal
- *hat nach d' E l h u j a r's Anleitung Silber und
  Gold in Kochsalzsäure aufgelöst (Chem. Ann.
  1791, B. I. S. 2. S. 163.164).*
- *Anleitung gegeben, wie Luftzünder, wenn er sich
  nicht entzünden will, zur Thätigkeit gebracht
  (Neueste Entdeckungen in der Chemie Th. V.
  S.83.84) – (Titel im Original: „Ueber die
  Behandlung eines sich nicht zu entzündenden
  Pyrophosphorus"),*
- *wie Blei, und Zinn als ein glänzendes
  Metallbäumchen gefällt (Ebendas. S. 91 /
  Chemische Annalen 1786. B. I. St. 5. S. 400-402),*
- *wie man mit Salpetersäure und ätzendem
  Salmiakgeiste aus Kobalt eine rothe Tinctur
  (Neueste Entdeckungen in der Chemie Th. VIII. S.
  92),*
- *aus dieser mit Essig eine geheime Schrift, die bei
  ihrer Erscheinung blau ist, bereitet (Chemische
  Annalen 1785. B. II. St. 7. S. 25-27, St. 8. S. 130-
  132),*
- *wie man die Auflösung der gemeinen Schwefelleber dazu anwenden kann, um der mit Bleiessig*

gezeichneten Schrift Metallglanz zu geben (Neueste Entdeckungen in der Chemie Th. IX. S. 29-31),
- wie man Schwererde von allem Eisen befreien kann (Taschenbuch für Scheidekünstler und Apotheker auf das Jahr 1788),
- mit Wasserblei Versuche angestellt (Chemische Annalen 1787. B. I. St. 5. S. 407-414),
- bei Benutzung des Knallsilbers, sowie durch Phosphor aus der Auflösung des Silber metallisch glänzende Anschüsse erhalten (Ebendas. 1789. B. II. St. 10. S. 323),
- die Wirkung des Kochsalzes auf Schwefel, die rothe Farbe einer Auflösung des mit Eisensafran geschmolzenen Salpeters und ein mineralisches Chamäleon, welches Holzasche durch Schmelzen mit Salpeter gab, beobachtet (Taschenbuch für Scheidekünstler und Apotheker auf das Jahr 1788.)"

Im Folgenden werden einige der Veröffentlichungen zitiert und erläutert. Sie vermitteln den Stand der Chemie in der Zeit vor 1800, vor allem auch den Arbeitsstil von ILISEMANN und zahlreiche historische Bezüge zum Bergbau im Oberharz sowie der mit den Erzvorkommen verbundenen Mineralogie. Seine Experimente lassen sich aufgrund der sehr genauen Beschreibungen auch nach über mehr als zwei Jahrhunderten noch heute nachvollziehen. – Die erste zitierte Veröffentlichung handelt vom **Bittersalz**, dem Magnesiumsulfat, das heute als *salinisches Abführmittel* in jeder Apotheke erhältlich ist.

Zum BITTERSALZ

(Aus: Crells Annalen der Chemie B. II. St. 9 (1789), S. 199-203)

IV.

Bemerkung, über ein Bittersalz, welches sich in denen Silbergruben Dorothea und tiefer Johannes auf dem Oberharz im Clausthaler Bezirk, desgleichen auf der Grube Haus Hannover und Braunschweig bey Cellerfeld belegen, findet.

Vor geraumer Zeit wurde mir versichert, daß in einer unsrer Silbergruben viele Lachter unter Tage, krystallisirter Salpeter zu finden sey.

Dieses schien mir sehr unwahrscheinlich, ja gar ohnmöglich, ich verfügte mich daher an Ort und Stelle, um dieses Salz selbst in Augenschein zu nehmen, weil ich nie von einem krystallisirten Salpeter in unsern Gruben gehört hatte.

Nachdem ich auf der Grube tiefer Johannes bey Clausthal gelegen, 60 Lachter [ca. 115 m] auf dem Wetterschachte eingefahren war, so stellten sich mir eine Menge zarter Fingerlanger Krystallen, von einer blendenden Weiße dar; ganze Wände auch Stücken Bauholz, waren damit überzogen: die Krystallen auf den Bauholz zeigten offenbahr, daß das Salz in flüßiger Gestalt darauf getropfet, und von anderen Orten herbey geführet worden sey; der Luftzug hatten die Krystallisation befördert.

Der bittere Geschmack dieses Salzes, machte mir gleich bemerklich, daß es ein Bittersalz und kein Salpeter sey.

Wegen der Zartheit der Krystallen konnte ich das Salz nicht reinlich sammlen, sondern war genöthiget, selbiges von denen Wänden abzufegen, wodurch es mit Erde vermengt wurde; indessen ließ ich es so vermengt zu Tage ausbringen, und ich hob es zu weiterer Untersuchung auf.

Kurz nachher traf ich dieses Salz auch in der Grube Dorothea weit reiner und dicker angeschossen 100, 110 auch 144 Lachter unter Tage an. Etwa vor 2 Jahren hat man dieses Salz auch auf den Hause Hannover und Braunschweig einer bey Zellerfeld gelegenen Grube, in einer Tief von 60 Lachter gefunden.

Jetzt schritt ich zur chemischen Untersuchung dieses Salzes. – Zuförderst lösete ich das mit Erde vermengte Salz aus den tiefen Johannes mit Wasser auf, reinigte es einigemal durch Filtriren von der damit gemischten Erde, und erhielt durch gehöriges Verdampfen und Krystallisiren ein würkliches schön krystallisirtes Bittersalz, welches auch im Geschmack dem Englischen Purgiersalz völlig gleich kam.

Ohngefähr vor einem halben Jahre erhielt ich einige Pfund von dem schwarzblauen Schiefer, worauf dieses Salz in der Dorothea gewöhnlich zu finden ist (und welches einen großen Theil des Gebirges ausmacht).

Wegen anderer Geschäfte konnte ich nicht gleich auf seine Zerlegung denken, legte ihn daher an einen Ort im Hause, wo ihn der Luftzug treffen konnte; nach 3 Monaten suchte ich noch meinem Schiefer: allein ich gerieth in Verwunderung, da ich statt des Schiefers einen Klumpen wolligtes Salz fand, worinn kleine Schieferstücke lagen; mit einem Wort, das Salz hatte den Schiefer auseinander gesprengt.

Nachdem dieser mit Schieferstücken gemischte Salzklumpen, durch Auflösen, Filtriren, und Krystallisiren gereinigt worden war; so erhielt ich das nemliche Salz, wie aus den tiefen Johannes, und das vom Hause Hannover und Braunschweig verhält sich eben so.

Man findet dieses Salz besonders in der Grube Haus Hannover und Braunschweig auf verschiedenen thonigten Gebirgsarten, in dicken Büscheln angeschossen, welche aus weißen oft 4 Zoll langen zarten fadenartigen Krystallen zusammengesetzt sind; auch auf grauer Wacke siehet man es hier krystallisirt.

Das Salz hat einen offenbar bitteren, dem gewöhnlichen Bittersalz gleichen Geschmack. Dieser Geschmack, das leichte Zerschmelzen auf der Zunge, und die Figur deren Krystallen geben bereits deutlich zu erkennen, daß es ein Bittersalz sey, indessen habe ich doch die nöthigsten Versuche darüber angestellet.

1. Versuch. In der warmen Stube verliert dasselbe gar bald seine Durchsichtigkeit, und ein Theil seines Krystallisationswassers, zerfällt in ein weißes Pulver.

[Anmerkung: Als Wirkstoff zum Glaubersalz aus der Apotheke wird das *Magnesiumsulfat-Heptahydrat* genannt – also Natriumsulfat mit 7 Molekülen Wasser. Verlieren die Kristalle ihr Wasser, so bildet sich ein Pulver.]

2. Vers. In Wasser aufgelöst, durch Fließpapier gereinigt, und verdampft, schießt es zu schönen langen

prißmatischen Krystallen mit pyramidalischer viereckiger Zuspitzung an.

[Anmerkung: Aus einer übersättigten Lösung lassen sich große und wie von Ilsemann beschriebene Kristalle gewinnen – ein beliebtes Experiment zum Kristallzüchten.]

3. Vers. Auf glühenden Kohlen, schmelzt es kaum ½ Minute, und hinterläst eine weiße Erde.

4. Vers. 2 Theile kalt in Wasser lösen 1 Theil Salz auf: nachdem die Auflösung mit mehreren Wasser verdünnt, und durch Filterpapier gereiniget werden; so ist sie hell und weiß, schmeckt bitter: tropft man eine reine in Wasser aufgelöste Pottasche hinzu, bis kein Niederschlag mehr erfolgt, so erhält man eine weiße zarte Erde, welche nach gehörigen Aussüßen und Trocknen sich in allen Stücken der reinen Bittererde gleich verhält; die über den Niederschlag befindlich erste Flüssigkeit, gibt vitriolisirten Weinstein.

[Anmerkung: In diesem Versuch wurde (basisches) Magnesiumcarbonat wechselnder Zusammensetzung ausgefällt – Pottasche = Kaliumcarbonat, als Backtriebmittel für Lebkuchen bekannt. Das chemische Element Magnesium wurde erstmals 1808 von Humphrey Davy (1778-1829) in geringer Menge durch Elektrolyse erhalten. Zuvor war es nur als Salz bzw. Oxid, als *Erde*, bekannt. Den Namen Magnesium erhielt es nach der griechischen Landschaft Magnesia.

Mit *vitriolisirtem Weinstein* ist das Kaliumsulfat – aus der Umsetzung von Magnesiumsulfat mit Kaliumcarbonat – gemeint.]

Diese Erde brauset mit Säuren, löset sich darinn auf, gibt mit Vitriolsäure wieder krystallinisches Bittersalz; mit Salpetersäure langspießigen fadenartigen Salpeter, welcher an der Luft bald zerfließt.

6. Vers. nach 4 Stündigen Glühen, und Austreibung der Luftsäure, bleibt kaum die Hälfte der Erde zurück, welche nunmehro sich ohne Brausen in Säuren auflöset, und mit Wasser keine Erhitzung zeiget.

[Anmerkung: Alle Versuchsschritte lassen sich mit dem chemischen Grundwissen unserer Zeit auch in chemische Gleichungen umsetzen!]

7. Vers. In Salpetersäure bis zur Sättigung aufgelöset, hiermit Papier getränkt, getrocknet, angezündet, brennt mit einer grünen Flamme.

8. Vers. Schmilzt man sie mit gleichen Theilen vom festen Laugensalz zusammen, so wird sie nicht zum Glase aufgelöst; hingegen mit gleich viel kalcinirten Boratz erhält man ein reines grünes Glas: auch bey diesen Versuch verhält sie sich vollkommen, wie reine Bittererde.

[Anmerkung: Diese Versuchsergebnisse lassen sich nicht eindeutig erklären – Magnesium ergibt keine Flammenfärbung; die grüne Flamme muss auf eine Verunreinigung zurückzuführen sein. Auch die Boraxperle wird nicht grün. In beiden Fällen könnten Kupferspuren die Ursache für die Versuchsergebnisse gewesen sein.]

Diese angeführten Versuche zeigen deutlich, daß dieses Salz ein wahres Bittersalz sey, und aus Vitriolsäure und Bittererde bestehe. – Also gibt es auch Bittersalz in unseren tiefen Gruben.

[Anmerkung: Aus sulfidischen Erzen bilden sich bekannt-
lich durch den Einbruch von Wasser und das Einwirken
von Sauerstoff aus der Luft *Vitriole* = wasserhaltige
Sulfate. Als *Bittererde* wurde das Magnesiumoxid, als
Vitriolsäure die Schwefelsäure bezeichnet.]

Herr Monnet fand zu Litry in der Normandie
Schiefer, welcher Bittererde in Menge enthielten.

[Anmerkung: Antoine-Grimald MONNET (1734-1817),
französischer Geologe und Generalinspekteur des Bergbaus in Frankreich]

Herr Voigt bemerkt eben dergleichen zu
Rudolstadt an großen, von solchen Steine aufgeführten,
Gebäuden, an welchen das Bittersalz in Menge
auswittert. In Sibirien findet man große Seen, welche mit
Bittersalz ausgefüllt sind; bedenkt man, welche
ungeheure Menge Bittersalz in den Weltmeere, in den
Kochsalz- und verschiedenen Mineralquellen befindlich
ist; ohne die Steinarten zu rechnen, welche Bittererde
führen; so darf man sich über dergleichen Erscheinung
eben nicht wundern.

[Anmerkung: Johann Karl Wilhelm VOIGT (1752-1821)
war ein deutscher Geologe, der im Auftrag des Ministers
GOETHE mineralogische Untersuchungen im Groß-
herzogtum Sachsen-Weimar-Eisenach durchführte. –
Auch ohne Quellenangaben wird deutlich, dass
ILSEMANN die Fachliteratur seiner Zeit gut kannte.]

Indessen scheint es doch merkwürdig, daß sich
dieses Salz in einer solchen Tiefe in denen Gruben
befindet.

Da nun dieses Salz bishero an verschiedenen
Orten im Thonschiefer gefunden worden ist; so sollte die

Vermuthung verschiedener Naturforscher wohl Bestätigung erhalten, daß dergleichen thonartige Gesteine die Steinart sey, welche von dem Bittersalz am liebsten ergriffen wird, oder worinn es sich erzeuge; wahrscheinlich kann es in dieselben am leichtesten eindringen.

Von der Entstehung dieses Salzes läßet sich indessen nichts bestimmen: 3 Ursachen könnten hierzu beygetragen haben.

1) Es wäre möglich, daß verwitterte Kiese ihre Vitriolsäure, in solche Steinarten abgesetzt hätten, welche Bittererde enthalten: das Wasser kann alsdenn das Salz aller Orten hinführen.

2) Oder hat das Weltmeer zu der Zeit, da es über die Harzgebirge gegangen ist (wovon die vielen in Sandstein erhärteten abgesetzten Seethiere zeugen) die Gebirge so durchdrungen, daß hievon das Bittersalz noch auswittert.

3) Oder rührt es von einer benachbarten Kochsalzquelle her? 3 Stunden von Clausthal legt zwar ein Salzwerk zur Harzeburg, allein weit tiefer wie die Gruben auf den Harz. Entspränge die Quelle aus denen obern Harzgebirgen; so könnte man mit mehrerer Wahrscheinlichkeit den Ursprung des Bittersalzes davon ableiten: denn wo Kochsalzquellen sind, da findet man in der Mutterlauge auch Bittersalz und Bittererde.

J. C. Ilsemann.

Zur Grube Dorothea

westlich des Oberen Pfauenteiches im Osten von Clausthal-Zellerfeld, als Grube des Burgstätter Gangzuges: Im 18./19. Jahrhundert (mit 20 000 teils berühmten Besuchern: u.a. Andersen, Gmelin, Heine, Goethe, Nobel, Schopenhauer, Watt) Förderung von Zink, Blei-, Kupfer/Antimon-, Silber-, Eisenerzen (als überwiegend Sulfiden) und zwischen 192 und 227 m (100-144 Lachter Teufe) auch Vorkommen von Bittersalz in Verbindung mit Tonschiefer.

(Aus: Crells Annalen der Chemie B. II. St. 10 (1789), S. 323)

Über das Knallsilber.

Von Hrn. Ilsemann in Klausthal.
Zwey besondre metallische Krystallisationen des Silbers habe ich kürzlich wahrgenommen. Ich wollte Knallsilber bereiten, hatte aber zuviel Salmiakgeist zur Mischung gegossen, daher verdampfte es; das Silber wurde hiernach vortreffl. metallisch dargestellt. Die zweyte habe ich in Bergmann gelesen: es wurde ein kleines Stück Phosphor in eine mit Wasser verdünnte Silberauflösung gelegt, und erwärmt, sofort schmolz der Phosphor und stellte metallische Zweige von silberfarbenen Aussehen vor. Mit Eisen gibt es zwar auch schöne metallische Präcipitationen des Silbers, aber es gehören 8 Tage hierzu.

Diese kurze Mitteilung, die noch erläutert wird, fand offensichtlich Beachtung, denn sie wird in folgenden wichtigen Werken genannt:

- Taschenbuch für Scheidekünstler und Apotheker Band 11, S. 43 (1790)
- Chymisches Wörterbuch oder Allgemeine Begriffe der Chymie, 6. Theil, S. 98 (1790) von Peter Joseph Macquer
- Ökonomisch-technologische Encyklopädie, Band 154, S. 131 (1831)

Beim *Knallsilber* handelt es sich offensichtlich hier um das *Silbernitrid* – denn Silberfulminat bzw. Silberazid wurden erst nach 1800 entdeckt bzw. beschrieben. Knallsilber hatte erstmals der französische Chemiker Claude Louis BERTHOLLET (1748-1882) 1788 bei der Umsetzung einer Silbersalz-Lösung mit Ammoniak (nach dem Eintrocknen bzw. längeren Stehenlassen) erhalten. Eine direkte Synthese ist aus der Reaktion von Silberoxid mit Ammoniak in Ethanol möglich ($3\ Ag_2O + 2\ NH_3 \rightarrow 2\ Ag_3N + 3\ H_2O$). Silbernitrid bildet einen schwarzen flockigen Feststoff, der sich beim Zusatz konzentrierter Säure oder auch beim Erhitzen über 165 °C explosionsartig zersetzt. Aus einer ammoniakalischen Lösung ($[Ag(NH_3)_2]^{2+}$) können infolge einer „inneren Redox-Reaktion" ebenfalls Silbernitrid und Silberamide entstehen.

Die Reaktion von Silber-Ionen mit Eisen ist bekannt ($2\ Ag^+ + Fe \rightarrow Ag + 2\ Fe^{2+}$), mit elementarem Phosphor jedoch weniger. Heute wissen wir, dass Phosphor in einer schwach alkalischen Lösung sowohl Phosphorwasserstoff und Phosphinat bzw. in stärker alkalischer Lösung Phosphonat und Wasserstoff (Reaktion mit dem Wasser) bildet:

$P_4 + 3\ OH^- + 3\ H_2O \rightarrow P^{-3}H_3 + 3\ H_2P^{+1}O_2^-$ -bzw. $P_4 + 8\ OH^-$
$4\ H_2O \rightarrow 4\ HP^{+3}O_3^{2-} + 6\ H_2$.
Unter beiden Bedingungen entstehen starke Reduktions-
mittel, welche die Silberionen wesentlich schneller
reduzieren als es durch den elektrochemischen Vorgang
mit dem Eisen möglich ist.

Zum *Pyrophorus*

1782
(aus: *Crell's neueste Entdeckungen in der Chemie*
Th. V, S. 83-84)

VIII.
Ueber die Behandlung eines sich nicht entzündenden Pyrophorus.

*Da nach vieler Scheidekünstler, und meiner eigenen
Erfahrung, der Pyrophorus nicht jederzeit gelingt; so muß
es sehr angenehm seyn, das Verfahren*) bewährt zu
finden, wodurch man dieses sonderbare Product, unter
jeden Umständen, zur Entzündung zu bringen.*

*Ich bereite den Pyrophorus aus einer Unze
gebrannten Alaun, einem Lothe Weinsteinsalz, eben so
viel Kohlenstaub; auch aus einer Unze vitriolisirten
Weinstein, und einem Lothe Kohlenstaub. Oft zündet er
bey dieser Zubereitung: wenn aber das Gegentheil
erfolgt; so darf man nur zwey drey Tropfen Salpetersäure
hinzusetzen, um ihn so gleich in Brand zu bringen. Fügt*

man noch *Schwefelblumen, oder gestossenen Salpeter hinzu; so brennt er sehr lebhaft; und noch besser, wenn man Schießpulver aufstreut.*

Der Handgriff, den Pyrophorus während der Calcination mit Sande zu bedecken, ist recht gut: denn wenn er etwa eine Stunde geglühet hat, kann man den Tiegel herausnehmen, ihn völlig kalt werden lassen, den Sand abnehmen, und geschwind ausschütten.

Ilsemann.

---

*) Dr. Jos. P r i e s t l e y *Vers. und Beobacht. über versch. Gattungen der Luft, 3. Theil Anh. S. 49.*

ERLÄUTERUNGEN

Als *Pyrophore* werden allgemein Stoffe bezeichnet, die sich an der Luft bei gewöhnlicher Temperatur von selbst entzünden – beispielsweise weißer Phosphor oder feinverteiltes Eisen. Der Literaturhinweis in der Fußnote macht wiederum deutlich, dass sich ILSEMANN auch über den Stand der Wissenschaft auf dem Laufenden gehalten hat.

Joseph PRIESTLEY (1733-1804) gilt als Mitentdecker des Sauerstoffs (s. auch bei Scheele in Kap. 2). Das von ILSEMANN genannte Werk erschien in englischer Sprache in 6 Bänden von 1779 bis 1783.

Joseph PRIESTLEY – Pionier der Gaschemie

Die Bezeichnung *Pyrophor* bzw. die erste Beschreibung eines Stoffgemisches mit den genannten Eigenschaften stammt offensichtlich von Wilhelm HOMBERG (1652-1715, Sohn eines Quedlinburger Apothekers, in Batavia geboren), der 1692 (? – im „Lexikon bedeutender Chemiker") den nach ihm benannten *Hombergschen Phosphor* entdeckte – calciniertes Calciumchlorid, gewonnen durch Erhitzen von gelöschten Ätzkalk mit Ammoniumchlorid.

In „Meyers Konversationslexikon" 4. Auflage, Band 13, S. 487 (1885-1892) ist eine andere Version (mit Alaun wie bei ILSSEMANN) zu lesen:

„**Pyrophore** (griech., Luftzünder, Selbstzünder), Körper, welche an der Luft so begierig Sauerstoff aufnehmen, daß sie durch die bei dieser Oxydation entwickelte Wärme ins Glühen geraten. (...) Das Erglühen dieser Präparate beruht auf der außerordentlich feinen Verteilung derselben, infolge deren sie dem Sauerstoff eine sehr große Angriffsfläche darbieten. (...) Der aus Alaun dargestellte P. wurde 1711 entdeckt (Hombergs Phosphor), aber erst Scheele gab 1777 die richtige Erklärung des Erglühens."

Wilhelm HOMBERG

Die *feine Verteilung* und damit große Oberfläche sowie die Anwesenheit brennbarer (oxidierbarer) Substanzen in einem Gemisch, sind auch heute noch die Erklärung bzw. Voraussetzung für einen *Pyrophor*.

Über eine *sympathetische Tinte*

(Aus *Crells neuesten Entdeckungen in der Chemie* Th. 9 (1783), S. 29-31)

III.

Bereitung einer sympathetischen, metallisch glänzenden Dinte.

Wenn man eine rauhe Feder in eine flüßige Schwefelleber tunket, und damit über einige mit der Auflösung des Bleyes in Eßig geschriebene Zeilen hinfähret, so wird diese Schrift bekanntermaßen braun und schwarz, wenn gleich viel Pappier dazwischen liegt.

[*Schwefelleber*: Stoffgemisch mit Sulfid, Polysufiden, Thiosulfat und Sulfat; *Hepar sulphur* genannt. Bleiacetat setzt sich hier zum Bleisulfid um.]

Diesen Versuch machte ich kürzlich, allein mit einer Veränderung derer Anstalten, ich goß 2 Loth von einer (aus zwey Theil Pottasche, ein Theil Schwefel, 12 Loth Wasser durch kochen bereiteten Schwefelleber) in ein Weinglas; legte einige mit Glötteßig geschriebene noch nasse Zeilen darüber, und zwar in dem Augenblick, da ich eine Mineralsäure zu der Schwefelleber goß; ich schüttete ferner wechselweise ba(l)d Salzsäure, bald Schwefelleber bey Quentinen hinzu, so fort wurde die Schrift nicht allein braun gefärbte, sondern was mich besonders vergnügte, so nahm einen weißen metallischen silberfarbenen Glanz an.

[*Glötteßig*: Bleiacetat-Lösung aus Bleiglä(ö)tte = Bleioxid und Essigsäure; *Quentinen*: Quentchen, Apothekergewicht, etwa 0,4 g]

Hat man es recht getroffen; auch die Striche nicht zu fein gemacht, so behält sie diesen metallischen Glanz; auch wenn sie trocken ist.

Diese Erscheinung brachte mich auf den Einfall, dem weißen krystallinischen Bleyspath auf obige Weise ein metallisches Ansehen zu geben.

(Es giebt dergleichen weißen krystallinischen Bleyspath, mit metallischen den Bleyglanz gleichenden Ueberzug auf den Bleyfelde in der Communion, wiewohl sehr selten.)

Ich verfuhr also hiebey wie vorhin, nur daß ich den Bleyspath, auf einige über das Glas gelegte Stöckchen ganz frey auflegte, damit die Dämpfe besser daran gehen konnten.

Der Erfolg war, meiner Vermuthung gemäß; die Bleyspathkrystallen wurden in ein Paar Minuten metallisch als Bleyglanz glänzend überzogen.

Dieses war mir sehr angenehm, weil man hieraus wahrnehmen kann, daß nicht ein jeder Stein, welcher metallischen Glanz hat, beyde Bestandtheile des Schwefels enthalten müsse: sondern, daß das bloße Brennbare, als Dunst dergleichen metallischen Glanz hervorbringen könne, wenn etwas metallisches in dem Steine verborgen liegt. Auch siehet man daraus, daß Metalle auf dem nassen Wege, ihren metallischen Glanz erhalten können.

Mineralogen kann dieser Versuch dazu dienen, weiße Bleyspathdrusen in metallischglänzende zu verwandeln.

Ilsemann.

ERLÄUTERUNGEN

Bleispath: Cerussit, auch Weißbleierz als $PbCO_3$ (Bleicarbonat)

Bleiglanz: Galenit, PbS, Farbe bleigrau, mit mattem Metallglanz

Bei der Umsetzung von sowohl Bleiacetat auf dem Papier als auch am Mineral Bleispath mit dem gasförmigen Schwefelwasserstoff findet offensichtlich nur eine teilweise Umwandlung in das Bleisulfid statt – am besten am Mineral zu erkennen, wo die Oberfläche des Bleispaths in Bleiglanz umgewandelt wird.

Als *Schwarzbleierz* wird ein durch Bleiglanz dunkel gefärbter, feinkristalliner Cerussit bezeichnet.

Cerussit-Mineralien aus der Geosammlung der TU Clausthal
(Foto: Roman Bojanowski)

Braunstein und Mangan

In der nächsten Arbeit von ILSEMANN werden dessen Untersuchungen und Versuche zum BRAUNSTEIN aus IILFELD am Südharz zitiert, wo der Manganerz-Bergbau im 18. und 19. Jahrhundert eine wichtige Rolle spielte.

Aus der Geschichte des Mangans

Braunstein (Mangandioxid) war schon im Altertum als Mineral bekannt und wurde zu Glasschmelzen verwendet. Die mittelalterlichen Glasmacher setzten Braunstein wegen seiner entfärbenden Wirkung auf eisenhaltige Gläser ein. Der Name *Mangan* leitet sich vom griechischen Wort *manganizein* = reinigen ab. In eisen(II)haltigen Silikaten oxidiert Braunstein als Mangan(IV)oxid das Eisen(II), das schwach gelb gefärbt ist und wird dabei zum Mangan(III)oxid reduziert. Eisen(II)-Silikate ergeben die bekannten grünen Gläser. Wahrscheinlich wurde Mangan als Metall bzw. Element erstmals 1770 von Ignatius Gottfried Kaim (1746-1778, österreichischer Arzt und Chemiker) durch die Reduktion von Braunstein mit Kohle in unreiner Form erhalten (beschrieben in seiner Dissertation). Er nannte das Produkt *Braunsteinkönig*. 1774 erkannte dann Carl Wilhelm Scheele, dass Braunstein ein unbekanntes Element enthält. Auf dessen Anregung stellte Johann Gottlieb Gahn (1745-1818, schwedischer Chemiker) Mangan auf gleichem Wege wie Kaim dar und erhielt zunächst den Namen *Manganesium* nach *manganesia nigra* für Braunstein – nach der Entdeckung des Magnesiums 1808 zu *Mangan* durch Klaproth abgekürzt.

Johann Gottlieb GAHN

(Aus *Crells neuesten Entdeckungen in der Chemie* Th. 4 (1792), S. 24-42) –
Dieser Beitrag ist zugleich ein Beispiel dafür, wie aktuell ILSEMANNS Untersuchungen waren und sie stellen die noch heute interessante (und komplexe) Chemie des Mangans vor, die in eckigen Klammern anhand der beobachteten Phänomene zu jedem Versuch erläutert wird.

III.
Versuche über einen ganz reinen strahligten glänzenden Braunstein, von Ilefeld, und den daraus erhaltenen König.

Der Braunstein ist gewiß unter die sonderbarsten Körper zu zählen.

Wie viele Chymisten haben sich umsonst bemühet, seine wahren Bestandtheile zu finden.

Pott hat um die Untersuchung desselben grosse Verdienste, nicht weniger Hr. Westfeld; ersterer hat indessen mit aller ihm eigenen Scharfsinnigkeit, auch nicht eine Spur von Eisen oder andern Metall darin finden können.

Die in dem Braunstein befindliche Grunderde hielt er für eine der Alaunerde sehr nahe kommende Erde; also wohl nicht für würkliche Alaunerde. (Die Bittersalzerde kannte man zu der Zeit noch nicht.)

[*Westfeld*, Christian Friedrich Gotthard (1746-1823), hann. Oberkommissär, Klosteramtmann zu Weende (Göttingen), Cameralist und Mineraloge; veröff. u.a. „Mineralogische Abhandlungen", Göttingen und Gotha, 1767.

Pott, Johann Heinrich (1692-1777), ab 1724 Professor für Chemie am Collegium Medico-Chirurgicum in Berlin, Begründer der „Pyrochemie" – Untersuchungen zum Schmelzverhalten anorganischer Stoffe ab 1774]

Herr Westfeld erkläret diese Grunderde für Alaunerde; er hat ihm ebenfalls nicht glücken wollen, einen metallischen König aus dem Braunstein zu erhalten. Spuren von Eisen hat er gefunden; wenn er den Braunstein in Salzsäure auflösete, und mit Zink niederschlug, so bekam er schwarze Flocken, welche der Magnet zog.

Herr Marcgraf bekam aus dem lange geglühten Braunstein mit Vitriolsäure Pfirsichblüthfarbene und blaue Kristallen Selenit, und aus diesen durch Glühen von seiner Säure befreiten Salze, durch die Reduction etwas von kupferfarbenen Metall.

Eisen hat er darinn nicht bemerket; an einer darinn befindlichen Alaunerde zweifelt er sehr; vielmehr nimmt er die Kalkerde darinn an. *)

*) Man sehe die Schriften der Königl. Akademie der Wissenschaften zu Berlin, so 1775 im Druck erschienen sind, hierüber nach. Ob nachhero mehrere Versuche hierüber von Hrn. Marcgraf bekannt gemacht sind, ist mir unbekannt.

Herr Gerhard setzt den Braunstein unter die alkalisch alaunischen Steine.
[*Gerhard,* Carl Abraham (1738-1821), erster Leiter der 1770 gegründeten Bergakademie in Berlin, Verfasser des Buches „Beiträge zur Chemie und Geschichte der Mineralogie" (1773-1776)]

Herr Gahn, ein schwedischer Chymist, hat das Glück gehabt, so viel ich weiß, der erste zu seyn, der in den Braunstein ein eigenes Metall gefunden hat. Seine hierüber angestellte(n) (Versuche) sollen sich in den Schriften der Schwedischen Akademie der Wissenschaften befinden; sind aber meines Wissens noch nicht übersetzt.

*   *   *

Die Entdeckung eines neuen Halbmetalls schien mir eine so merkwürdige Sache zu seyn, daß ich mich entschloß, selbst Hand anzulegen, um mich hievon zu überzeugen.

Ich stellete dahero noch folgende Versuche über den Braunstein an; meine Absicht dabey war, nicht allein das Metall, sondern auch die Grunderde des Braunsteins kennen zu lernen.

Bey einigen Versuchen bin ich der Anleitung des Hrn. Potts gefolget; zuforderst war ich dahin bedacht, mir einen Vorrath von ganz reinen, von aller Bergart freyen Braunstein zu verschaffen; (man findet gewöhnlich Kalk- oder Schwerspath dabey.) Bey erstern konnte ich mir die gegründete Hoffnung machen, eine reine Grunderde des Braunsteins zu erhalten.

Dieser Ilsefelder Braunstein, womit ich meine Versuche angestellet habe, ist glänzend, stralig, von Farbe metallisch, dem Spießglase ähnlich, schwer: so daß man schon beym Ansehen, und bey Erwegung der Schwere billig auf den Gedanken kommen muß, daß ein Metall darinn befindlich sey; es ist zu verwundern, daß sein Metall so lange unbekannt geblieben ist.

Erster Versuch.

Der rohe Braunstein brauset nicht mit Säuren, wird dem Ansehen nach auch wenig davon angegriffen; allein kocht man ihn mit Salzsäure, so kann man alsdenn mit aufgelöster Pottasche viel weiße Erde daraus niederschlagen, welche durch ein halbstündiges Glühen braun wird.

[**Erläuterungen**: Braunstein ist ein Oxid, das Mangandioxid, und enthält somit kein Carbonat, das beim Angriff von Säuren Kohlendioxid als Gas freisetzen würde. Die Entstehung von Chlor bei der Reaktion mit Salzsäure, die 1774 zu dessen Entdeckung durch Scheele führte, hat Ilsemann offensichtlich nicht bemerkt. In der Lösung befinden sich danach Mangan(II)-Ionen, die mit dem Kaliumcarbonat (*Pottasche*) das weiße Mangancarbonat ergeben, das sich beim Glühen infolge Oxidation wieder in ein höheres braunes Manganoxid umwandelt.]

Zweiter Versuch.

Nach 6 stündiger heftiger Calcination verlieret der Braunstein über 1/8 [unscharf im Originaldruck] *am Gewichte; durch dieses Glühen wird ein Theil der darinn befindlichen fixen Luft und des Brennbaren verjagt, und der Braunstein geschickter gemacht, sich in Mineralsäuren aufzulösen.*

Durch diese Calcination verliehret er den metallischen Glanz, und nimmt eine Amethystfarbe an; dieser rohe zerkleinerte Braunstein mit den vierten Theil Kohlenstaub ein paar Stunden geglühet; so färbte er sich tief Meergrün.

[Erläuterungen: Mangandioxid wird mit steigender Temperatur in folgendes Oxide umgewandelt: > 550 °C Mn_2O_3 - > 950 °C Mn_3O_4 - > 1170 °C MnO. Diese Oxide unterscheiden sich in ihrer Farbe jedoch nur wenig. Mn_2O_3 hat basische Eigenschaften. Die *Amethystfarbe* könnte auch die Bildung des rötlichen Mn_3O_4 ($M^{II}M_2^{III}O_4$) zurückzuführen sein; das *Meergrün* lässt darauf schließen, dass bei der Reduktion das graugrüne Mn(II)oxid MnO erhalten wurde.]

Dritter Versuch.
Dieser ohne Zusatz calcinirte Braunstein löset sich in Vitriolsäure, mit Anwendung der gehörigen Wärme, ohne zu brausen rosenroth auf. Die Auflösung krystallisiret sich nach gehöriger Verdampfung zu einem pfirsichblüthfarbenen Mittelsalze, (dieses Salz hat Pott und Marcgraf auch erhalten.) Das Salz hat einen bittern jedoch auch etwas zusammen-ziehenden metallischen Geschmack; an der Luft zerfällt es bald zu Pulver. Die mehresten hervorragenden Kristallen sind lang, glatt, vierseitig, am Ende von zwey Seiten schief zugespitzt, und einen zart angeschossenen bittern Englischen Purgier- oder auch Seidlitzersalze gleich.

[Erläuterung: Das Mangan(II)oxid löst sich in Schwefelsäure zum Mangan(II)sulfat, dessen Kristalle als Hydrate (Mono- oder auch Tetrahydrat, letzteres oktaedrisch) blassrosa gefärbt sind. Mit *Englischen Purgier- oder auch Seidlitzersalz* ist das Bittersalz Magnesiumsulfat gemeint.]

Benetzet man eine kleine Glasscheibe, mit dem in Wasser aufgelösten Salze; lässet es trocknen, und legte selbe unter ein englisches Microscop mit einem Spiegel versehen, so siehet man nichts als lange sechsseitige Kristallen. Die Figur und der bittere Geschmack dieser Kristallen sind so deutlich von Alaun und Selenit [= Gips, Calciumsulfat] *unterschieden, und dem Bittersalze so ähnlich; daß ich kein Bedenken fand, sie vor Bittersalz zu erklären.*

Kocht man den bereits einmal mit Vitriolsäure ausgezogenen Braunstein nochmals mit Vitriolsäure, so färbet sich diese 2te Auflösung desselben mit Gallapfeltinctur schwärzlich, weil die mehrste alkalische Erde dem

Braunstein entnommen ist, und die Vitriolsäure nunmehro eher etwas von Metall auflösen kann.

Der Anschuß des Salzes war von der 2ten Auflösung, ist auch mehr gelb als roth; welches wohl dem Eisen zuzuschreiben ist.

[Erläuterungen: Die zweite Auflösung kann sowohl Spuren an Eisen(III) als auch Mangan(III) enthalten haben, woraus sich die gelbe Farbe der Lösung und die Reaktion mit der Gallussäure in der Gallapfeltinktur erklären ließen.]

Vierter Versuch.

Dieses Salz blähet sich auf glühenden Kohlen gar nicht: seine Säure gehet fort; und es bleibet eine weiße Erde zurück, welche bey fortgesetzten Glühen braun wird.

[Erläuterung: Das zunächst entstanden Mangan(II)oxid, ausgesprochen basisch, nichtkristallin weiß bis grau, wird bei längerem Glühen zu höheren, braunen Oxiden – s.o. – oxidiert.]

Fünfter Versuch.

Wird dieses Salz in einem Tiegel etwan 4 Stunden geglühet; so ist der Erfolg der nehmliche; es bleibet ein dem Eisensafran gleichendes rothbraunes Pulver zurück, welches mit Säuren nicht brauset, dem Salmiakgeist keine blaue Farbe mittheilet, auch durch Reiben den Salmiak fast gar nicht zersetzet.

Diese braune feuerbeständige Farbe der Erde zeiget schon an, daß der Braunstein etwas metallisches enthalten müsse. Man darf sich nicht darüber wundern,

daß diese Erde mit Säuren nicht brauset; eine calcinirte bittere Salzerde und Kalkerde verhalten sich eben so, weil sie durch das Glühen luftleer geworden sind.
[Erläuterungen: In „Pierer's Universal Lexikon (1857) wird *Eisensafran* wie folgt beschrieben – als „der durch kohlensaures Natron aus einer Lösung reinen Eisenvitriols erhaltene, ausgewaschene, getrocknete Niederschlag, braunes unfühlbares, geschmackloses Pulver, dem getrockneten Eisenoxidhydrat (FeOOH) entsprechend, doch einen geringen Antheil kohlensaures Eisenoxyd enthaltend" – auch unter *Crocus martis aperativus* zu finden, dem Eisenrost entsprechend. Nach *Calcination* (Erhitzen, Glühen) bilden sich stets aus den Carbonaten die Oxide.]

Sechster Versuch.
Ich hängte einen blanken eisernen Nagel in die mit Wasser bereitete Auflösung des röthlichen Salzes; um das etwa darinn befindliche Kupfer niederzuschlagen; allein es wurde hiedurch kein Kupffer, sondern etwas weiße Erde gefället.
[Erläuterungen: Möglicherweise findet eine Reduktion zu Mangan(II)-Ionen und deren Ausfällung als zunächst Mangan(II)hydroxid statt?]

Siebenter Versuch.
Das in Wasser aufgelösete Salz lässet mit hinzugefügten Salmiakgeist seine Erde fahren; die darüber stehende Flüssigkeit färbet sich nicht blau.
[Anmerkung: Mit Ammoniak ist Mangan nur zum Teil als Hydroxid fällbar, da sich auch Ammin-Komplexe bilden.]

Achter Versuch.

Galläpfeltinktur erwecket mit dem in Wasser aufgelöseten Salze von der ersten Auflösung weder Blaue noch Schwärze.

Neunter Versuch.

Reine Pottaschenlauge schläget aus dem in Wasser aufgelösten Salze eine weiße Erde nieder:

Auch diese weiße Erde nimmt durch Glühen eine braunrothe Farbe an.

Den Schwefel löset sie durch Kochen mit Wasser nicht auf. (Auch kann man den Salmiak durch Zusammenreiben mit dieser Erde nicht zersetzen. In diesen beyden letzten Versuchen weicht also die Erde von der geglühten Bittersalzerde ab; wer weiß, ob das in der Erde befindliche Metall nicht Schuld hieran ist. Einige feste Eisenspate brausen nicht mit Mineralsäuren, obgleich Kalk die Grunderde ist. Eingemischte Metalle können also, wie man hiebey siehet, die Eigenschaften derer Erden verlarven.

[Anmerkungen: Im ersten Teil des Versuchs wird Mangan als Mangan(II)carbonat niedergeschlagen; nach dem Glühen sind wieder höheren Manganoxide entstanden. Im zweiten Teil wird deutlich, dass das Oxid weniger basisch ist als Magnesiumoxid.]

Zehner Versuch.

Calcinirter Braunstein mit gleichen Theilen Salmiak aus einer gläsernen Retorte getrieben, gab wenig Salmiakgeist und etwas flüchtiges Laugensalz.

[Erläuterungen: Hier findet nur eine Zersetzung des Ammoniumchlorids = *Salmiak* statt. Als *flüchtiges Laugensalz* wurde das Ammoniumcarbonat bezeichnet.]

Eilfter Versuch.

Das in der Retorte befindliche und mit Wasser gekochte, durchgeseihte Ueberbleibsel gab mit hinzugefügten Vitriolsauer keinen Selenit, mithin kann man keine Kalkerde in den Braunstein annehmen, in dem folgenden Versuche leget sich aber noch deutlicher zu Tage, daß der Braunstein keine Kalkerde enthält.

Zwölfter Versuch.

Ich lösete calcinirten Braunstein in Salpeter- und Kochsalzsäure, jedes besonders, auf, verdünnte die Auflösung mit Wasser, ließ sie durch Fließpapier laufen, fügte Vitriolsäure hinzu, und gab genau acht, ob Selenit erfolgen würde, es entstand keiner.

[Anmerkung: Calciumsulfat = Selenit kristallisierte auch nach längerer Zeit nicht aus – somit war kein Calcium nachweisbar.]

Dreizehnter Versuch.

Eine gesättigte Auflösung des calcinirten Braunsteins in Salpetersauer giebt eine röthliche Auflösung, und nach gehöriger Verdampfung einen erdichten Salpeter in langen zarten dicht an einander liegenden Kristallen, welcher an der Luft leichte zerfließet.

[Erläuterung: Mangan(II)nitrat bildet einen blassrosafabenen Feststoff und kristallisiert je nach Darstellungsart mit ein bis drei Molekülen Wasser.]

Vierzehnter Versuch.

Ein Loth von diesen Salpeter wurde in Wasser aufgelöset, die darinn erhaltene Grunderde mit reinen festen pflanzenartigen Laugensalze niedergeschlagen; sie schlug sich schneeweiß nieder, hierauf genau ausgesüsset, getrocknet. Diese weiße Erde lösete ich durch Vitriolsäure jetzt mit starken Brausen auf; nachdem die Auflösung bis zum Häutchen verdampfet, und an einen kühlen Ort gesetzet worden, so schoß ein wahres krystallinisches bitteres Purgiersalz an.

Es schmeckte offenbar bitter, dabey war nichts von dem süßlichen Alaungeschmack zu bemerken; blos ein wenig von Metallgeschmack war zu spüren.

[Erläuterung: Mit *pflanzenartigem Laugensalze* ist wieder Kaliumcarbonat gemeint. Es fällt das weiße Mangan(II)carbonat, das mit Schwefelsäure versetzt Kohlendioxid freisetzt und das Mangan(II)sulfat bildet. – Die „Geschmacksprobe" (!) spielte damals noch eine große Rolle.

Zu den Oxiden hier noch folgende Ergänzung – als Zitate aus dem „Lehrbuch der anorganischen Chemie mit einem kurzen Grundriß der Mineralogie" von J. Lorscheid, 11. Aufl., Freiburg 1887: „Das grüne Manganoxydul (MnO) wird durch Glühen von kohlensaurem Manganoxydul, $MnCO_3$, dargestellt. Es ist wenig beständig; an der Luft verwandelt es sich langsam, beim Erhitzen schnell in Oxydoxydul [Mn_2O_3 = $MnO_2 \cdot MnO$]. H_2MnO_2 [bzw. MnO · H_2O] wird als weißer Niederschlag durch Fällen von Manganoxydulsalzen [wie Mangan(II)sulfat] mit Alkalien erhalten.")

Funfzehnter Versuch.

Zehn Gran stark calcinirter Braunstein mit 1 Loth weissen Glase oder Masse zum weissen Glase zusammengeschmolzen, lieferte, wie zu erwarten war, ein amethystfarben Glas.

[Erläuterung: Die Schmelze mit Siliciumdioxid (*weissen Glase*) oder Qarzsand ergab das Mangan(II)silikat – vergleichbar der folgenden Boraxschmelze.]

Sechszehnter Versuch.

Hingegen geben vier Gran von derjenigen Erde, welche aus den röthlichen mit Vitriolsäure aus dem Braunstein erhaltenen Salze mit Pottasche niedergeschlagen, und nachdem sie eine Stunde bis zur Bräune geglüht worden, mit 1 Loth calcinirten Borax ein schönes granatfarbenes Glas, welches sonst schwer zu erhalten ist.

[Erläuterung: Es handelt sich um die klassische Boraxschmelze (meist als Boraxperle ausgeführt), in welcher Mangan(III) vorliegt.]

Siebenzehnter Versuch.

Ein Theil calcinirter Braunstein wurde mit 2 Theile gereinigten Salpeter zusammen geschmolzen; gab ein schönes Chameleon. Der Herr Professor Pott behauptet zwar, daß ein solches Chameleon blos von dem rusigen nicht glänzenden Braunstein zu erhalten stehe; allein wird diese Masse in Wasser aufgelöset, so wird das Wasser zuerst vortreflich Meergrün gefärbet, nach einer Minute wird die Mischung Violfarben, kurz darauf Amethystfarben, bald nachher Granatfarben, wieder

Amethystfarben, nach einer Stunde schlagen sich gelbe Flocken nieder, welche immer mehr zunehmen. Nach einigen Tagen haben sich die gelben Flocken alle zu Boden geschlagen, und das Wasser wird bleich gelb. Ein Theil dieser Auflösung mit Vitriolsäure gemischt, wurde Violfarben, ein anderer mit Salpetersauer gouceau;
>   mit Salzsauer Amethystfarben;
>   mit destillirten Eßig als Bourgogne;
>   mit Pottasche auch roth;
>   mit Königswasser hellgelb;
füget man alsdann aufgelösete Pottasche hinzu, so verschwindet die Farbe, und die Mischung wird so hell wie Wasser. Soviel ist gewiß, daß die Farben, besonders die blaue bey dem aus rusichten nicht glänzenden Braunstein bereiteten Chameleon schöner zu seyn scheinen; sie verschwinden aber auch geschwinder wieder.

Exkurs zum *mineralischen Chamäleon*:

Der Name *Chamäleon* bzw. *mineralisches Chamäleon* soll von dem Entdecker des Sauerstoffs, Carl Wilhelm Scheele, stammen. Diese Umsetzung beschrieb Scheele in seinen Werken, veröffentlicht nach seinem Tod 1793, Teil 2, S. 70, unter der Überschrift:

III. Vom Braunstein oder Mangannesium, und von dessen Eigenschaften, §. 38. Mit Salpeter und fixen Alkali.

a) Salpeter wurde mit Braunstein zu einem feinen Pulver gerieben und im Tiegel stark kalzinirt, er trieb die Säure aus dem Salpeter und es entstand eine Vereinigung zwischen dessen Alkali und dem Braunstein, welches eine dunkelgrüne Masse gab, die sich in Wasser auflöst, und solches grün färbt. Die Farbe ist eigentlich blau (§. 14. No. 4); denn, wenn die Auflösung einige Tage verschlossen gestanden hat, so präzipitirt sich nach und nach ein feines gelbes Pulver, das größtentheils Eisenocher ist, und nachdem wird die Auflösung blau.

§. 14. No. 4. ...ohne sich mit dem Brennbaren zu verbinden, ist der Braunstein in keiner Säure zu einer klaren und ungefärbten Auflösung zu bringen, und wo das Brennbare fehlt, wird die Auflösung blau und roth. Vermittelst dieser durch eine Kette von Versuchen entdeckten vier allgemeinen Eigenschaften des Braunsteins lassen sich alle bekannten Wirkungen erklären...

Heute wissen wir, dass das MnO_4-Ion mit verschiedenen Oxidationsstufen des Mangans auftreten kann, woraus sich auch die unterschiedlichen sowohl von Scheele als auch Ilsemann beobachteten Farben ergeben: Mn(VII) – Permanganat-Ion: rotviolett; Mn(VI) – Manganat-Ion: grün; Mn(V) – Hypomanganat-Ion: blau; Mn(IV) – Manganit-Ion: braungelb. Dazu ist in dem bereits zitierten Lehrbuch von I. Lorscheid (s. *Vierzehnter Versuch*) zu lesen: „Wird Braunstein mit Salpeter und Kaliumhydroxid geglüht und die geschmolzene Masse mit Wasser ausgelaugt, so erhält man eine grüne Lösung von mangansaurem Kali, K_2MnO_4, aus welcher beim Abdampfen dunkelgrüne Kristalle ausschießen. (...) Die Lösung des mangansauren Kalis wird durch Zusatz von Säuren und organischen Substanzen (Papier) zersetzt, indem letztere der Mangansäure den Sauerstoff entziehen. Der Luft ausgesetzt, geht schon die grüne Farbe nach Blau, Violett und Purpur in Rot über, daher der Name mineralischen Chamäleon."

ILSEMANN
Vergleichungen des röthlichen mit Vitriolsauer aus den Braunstein erhaltenen Salzes mit Alaun und Selenit.

Alaun schmeckt süß zusammenziehend.	*Das röthliche Salz offenbar bitter; wiewohl auch etwas metallisch; welches ohne Zweifel von der Erde des darinn befindlichen Kupfers, oder des eigenen Metalls herrühren muß.*
Alaun blähet sich stark auf dem Feuer.	*Dieses Salz gar nicht.*
Alaun lässet seine Säure unter beständigen zähen Aufblähen schwer fahren.	*Dieses Salz nicht.*
Alaun hat keine längliche Kristallen.	*Dieses Salz schiesset länglich vierseitig in glatten Säulen an.*
Alaun löset sich etwas schwer in Wasser auf.	*Dieses Salz leicht.*
	Es schmelzt gleich auf der Zunge.

Selenit löset sich äu-
schwer in Wasser auf;
500 Theile Wasser lösen
kaum einen Theil Selenit
auf, daher denn auch die
Kristallen des Selenits
gleich zu Boden fallen.

Dieses Salz löset sich
wie schon gesagt, leicht
auf.

Selenit hat fast gar
keinen Geschmack.

Dieses Salz schmeckt
bittersalzig, etwas me-
tallisch.

Selenit schiesset in kleinen nadelförmigen auch
körnigen Kristallen an.

Dieses Salz in großen
länglichen Kristallen, die
zum Theil 4 Ecken haben.

Kalkerde in Salz(-) oder
auch Salpetersauer auf-
gelöset, giebt mit hinzu-
gefügter Vitriolsäure ohnfehlbar Selenit.

Oben ist gezeiget, daß
kein Selenit erfolget
sey.

Nach obigen Versuchen und Vergleichungen ist die Grunderde des Braunsteins für keine Alaun- noch Kalkerde zu halten; vielmehr wird man nicht abgeneigt seyn, selbe für eine Bittersalzerde zu erkennen, welche metallische Theile eingemischt sind.

[Erläuterungen: Ilsemann vergleicht in diesem Abschnitt die grundlegenden Eigenschaften von *Alaun* = Kalium-Aluminium-Sulfat und *Selenit* = Calciumsulfat mit denen des Mangan(II)sulfats. Gut vergleichen lassen sich Ilsemanns Angaben zur Löslichkeit: Mangan(II)sulfat wasserfrei 393 g/l, als Monohydrat sogar 762 g/l; Calciumsulfat dagegen nur mit etwa 2 g/l; Alaun als

Kalium-Aluminium-Sulfat-Decahydrat etwa 139 g/l und Zersetzung (wasserfrei) bei 178 °C.]

Proceß,
um das Metall aus dem Braunstein zu erhalten.

Verschiedene mir hin und wieder zu Gesicht gekommene kleine Auszüge, von den Arbeiten des Hrn. Gahns und das Hrn. Scheele über den Braunstein ließen mich ersehen, daß diese berühmte Chymisten wirklich ein Halbmetall aus diesem Körper erhalten haben, welches an Schwerflüßigkeit der Platina nahe kommen soll; auch Hr. Bergmann hat das Metall herausgebracht, und selbes Magnesium benennet.

Jetzt war ich verlegen, wie ich das Metall heraus bringen wollte; das gewöhnliche Verfahren mit schwarzem Fluß war nicht hinreichend, ich hatte dieses oft versuchet; es wollte mir aber eben so wenig als Potten glücken.

Des Hn. Gahns Methode war mir nicht bekannt: Hier fiel mir ein, daß vielleicht der Fluß, dessen ich mich zu Eisenproben bediene, hiebey von Nutzen seyn könne; weil er mehrere Hitze anzunehmen genöthigt ist, ehe er sich verschlacken kann, als der schwarz Fluß, ich erreicht auch wirklich meine Absicht damit, wie hier folgt:

Ich mischte zu dem Ende
1 Loth fein gestossenen Braunstein
2 ½ Quentin   −   Flußspath
1 ½ Quentin frischen Lederkalk
1 Quentin   −   Kohlenstaub
1 Loth verkrachtes Küchensalz,

nachdem ein jedes vor sich zart gerieben worden, wohl untereinander, schüttete die Mischung in eine sogenannten Schmelzdute, bedeckte sie mit einem wohl passenden Fuß einer andern Dute, verstrich die Fugen mit Leim und Sand; wie der Leim trocken war, wurde die Dute 1 ½ Stunde einem starken Blasefeuer ausgesetzt; und ich erhielt einen eisenfarbenen König.

[Erläuterungen: Das erste noch unreine Mangan wurde durch die Reduktion des Braunsteins mit Holzkohle gewonnen. Das reine Metall ist silberweiß und ähnelt in seinen Eigenschaften dem Eisen. Die Dichte beträgt 7,43 g/cm^3 (Eisen d = 7,87). Mit dem Gemisch wollte Ilsemann offensichtlich eine höhere Schmelztemperatur erreichen. Mit *Lederkalk* ist gebrannter Kalk, also Calciumoxid, gemeint; *verkrachtes Küchensalz* ist erhitztes, nicht kristallinisches Natriumchlorid – *verkracht* wegen des Geräusches beim Erhitzen der Kristalle. Eine *Schmelzdute* ist ein Schmelztiegel. Der *eisenfarbene König* war vielleicht schon ein Stückchen des Mangans. Ilsemann war mit diesem Ergebnis jedoch nicht zufrieden und führte weitere Versuche durch.]

Nach diesem oft wiederholten Verfahren bekam ich die mehreste Zeit bloß einen eisenfarbenen, selten einen kupferfarbenen König: Der kupferfarbene König erfolgt bey dem ersten Schmelzen nie allein; sondern wenn man ihn erhält; so bekommt man den eisenfarbenen zugleich, jedoch jeden besonders; oder man bekommt ihn, wenn man die Schlacke von der ersten Schmelzung nochmals reduciret. Hierauf stelle (ich) den Versuch in gröserer Portion an.

8 Loth fein gestossenen Braunstein

3 Loth –   –   Flußspath

2 Loth –   –   Kohlenstaub

8 Loth –   –   verkrachtes Küchensalz

wurde auf das feinste zerrieben, gemischt, in einem Tiegel, welcher mit einem Sandschiefersteine bedeckt und gehörig verklebt war, 1 ½ Stunde vor dem Gebläse geschmolzen, lieferte mir 76 Gran kupferfarbenes und 6 Gran eisenfarbenes Metall.

Bey einem ähnlichem in gleicher Menge angestellten Versuche, bekam ich bloß weniges eisenfarbenes Metall, und die nicht recht geflossene Schlacke war sehr grün; ich zerrieb die sämmtliche Schlacke so wohl die grüne als die schwarze kohlichte ganz fein, fügete 1 Loth Borax und 1 Loth Flußsptah hinzu, un bekam 1 Quentin kupferfarbenes Metall. Diese Reducirung der grünen Schlacke, ist das sicherste Mittel den kupferfarbenen König zu erhalten; wenn er auf andere Weise oder bey der ersten Reducirung nicht erfolgen will; auch muß die zu schmelzende Menge nicht zu wenig seyn.

So viel glaube (ich) bey diesen Versuchen bemerket zu haben; daß der Braunstein ein heftiges Feuer haben will, wenn er sich reduciren soll; der Fluß muß daher nicht gar zu leicht flüßig seyn, desfalls hat es mir mit bloßen Salzen nicht glücken wollen. Vielleicht haben auch die Salze das kupfrige Metall in sich genommen, und alsdenn verschlacket. Auf diese Weise habe (ich) also aus dem Cntl. Braunstein à 110 Pfund bereits 4 ½ Pfund Metall zusammen genommen, erhalten. Es ist sehr möglich daß er noch mehr enthält, und daß noch ein besseres Verfahren es sey, womit man alles bekömmt, was von Metall darinn befindlich ist. [Bemerkungen: Bei dem *eisenfarbenen Metall* handelt es sich offensichtlich um Mangan. Was die Ursache für die Bildung eines *kupferfarbenen Metalls* sein kann, lässt sich aus heutiger Sicht anhand der Beschreibungen nicht eindeutig beantworten. Die beobachtete grüne Farbe lässt auf das Mangan(II)oxid, also auf eine unvollständige Reduktion des Braunsteins schließen. Im oben zitierten Lehrbuch von Loscheid ist zu lesen, dass *„die Oxyde des Mangans (…) durch Kohle erst bei Weißglut reduziert"* werden.]

Eigenschaften der obigen Könige. Das eisen-farbene Halbmetall.
I.

Die Körner sehen sowohl äusserlich als auf dem Bruch einem weissen körnichen Eisen oder Stahl gleich; ja sie sind noch weisser, sie zerspringen unterm Hammer, jedoch einige sehr schwer.

[EXKURS: In einigen ausgewählten Werken des 19. Jahrhunderts wird das Metall MANGAN wie folgt beschrieben.
1822: „Handbuch der analytischen Chemie für Chemiker, Staatsärzte, Apotheker, Oekonomen und Bergwerks Kundige. Zweiter und letzter Band." Von C. H. Pfaff. (S. 400)
XIV. Braunstein oder Mangan. 356. Karakteristische physische Eigenschaften und chemische Verhältnisse…

Grauweiß, nicht stark glänzend, sehr weich, sehr spröde, sehr leicht sprengbar, von feinkörnigem Gefüge...

1869: „Anleitung zur qualitativen chemischen Analyse." Von C. R. Fresenius, 13. Aufl., S. 138:

§.107. b. Manganoxydul (MnO).

1. Das m e t a l l i s c h e M a n g a n ist weissgrau, wenig glänzend, sehr hart spröde, höchst strengflüssig. Es oxydirt sich schnell an der Luft und – unter Wasserstoffentwicklung – in Wasser und zerfällt zu einem schwarzgrünen Pulver...

1881: „Die Schule der Chemie, oder erster Unterricht in der Chemie, versinnlicht durch einfache Experimente." Von Julis Adolph Stöckhardt, 19. Aufl., S.375:

Mangan und Sauerstoff.

*413. **Das Manganmetall** ist röthlich grau, sehr hart und spröde und gehört zu den strengflüssigsten Körpern. Man erhält es im Kleinen durch Erhitzen von Manganoxyd und reiner Kohle in einem Kalktiegel im heftigsten Gebläsefeuer. An der Luft und im Wasser zieht es bald wieder Sauerstoff an und zerfällt dabei zu schwarzem, pulverigem Oxyd...*

In Römpps Chemie Lexikon (9. Aufl. 1991) ist zu lesen:

„... Mn ist ein in reinem Zustand stahlweißes bis silberweißes Metall, (....) sehr spröde, in Stahlgefäßen pulverisierbar. (...) Mn ist ein unedles Metall...“]

2.

Einige der Könige wurden vom Magnet gezogen, andere nicht.

3.

Sie lösen sich sämmtlich in Scheidewasser rothbraun auf.

4.

Salmiakgeist schlägt das Metall daraus als ein gelbbraunes Pulver nieder.

5.

Die Flüssigkeit bleibet klar, und zeiget keine Spuhr von Kupfer.

[Anmerkung: Versuche 3 bis 5: Fällung des Mangans nach Oxidation als Mangan(III/IV)oxidhydrat.]

6.

Eben dergleichen eisenfarbener König in Salpetersauer aufgelöset, wude mit Vitriolsäure gemischt, on sich etwan weisses Metall niederschlagen würde, allein es blieb alles klar ohnegändert.

[Anmerkung: Negativer Nachweis vor allem für Erdalkalien wie Barium, Strontium und Calcium (als Sulfate).]

7.

Da ich die grosse Vermuthung hatte, daß in diesen Metall viel Eisen befindlich sey; so lösete ich einen kleine König in Scheidewasser auf; hievon tropfte ich wenige Tropfen in eine Mischung, welche aus (?-unleserlich) Loth gemeinem Wasser und 1 Quentin wäßrichten Gallapfeltinktur bestand; den Augenblick färbte sich die Mischung schwarz wie Tinte; das Eisen war also klar zu ersehen.

8.

4 Gran zerstossenes Metall sublimirte sich mit einem Quentin gereinigten Salmiak sehr gelb auf. Auch hier zeiget sich das in dem Metall befindliche Eisen deutlich.

9.

Eine Auflösung des vorigen Metalls in Salpetersauer, stellte mit thierischer Lauge eine berliner Blau dar.

[Erläuterung: Mit *thierischer Lauge* ist das gelbe Blutlaugensalz, Kaliumhexacyanoferrat(II), gemeint, das mit den Eisen(III)-Ionen die klassische Berlinerblau-Reaktion ergibt.]

10.

Ich lösete einige Könige in Vitriolsäure auf; die Auflösung war grünlich. Nach geschehener Verdampfung setzte (ich) die Auflösung zum Anschiessen in Kälte; worauf etwas von gelblich grünlichen Salze, oder ein Vitriol in kuglichten Kristallen kristallisirt hatte. Dieses Salz färbte sich mit Gallapfeltinktur sehr schwarz. Die Auflösung dieses stahlfarbenen Halbmetalls in Vitriolsäure geschiehet sehr schnell.

11.

Auf der Kapelle ist dieses Halbmetall unschmelz-bar. In diesem stahlfarbenen Halbmetall scheinet indes-sen das eigene Färbewesen des Braunsteins zu liegen, wie sich auch durch das vorne erwähnte granatfarbene Glas zu Tage leget; Schade, daß man bey so kleinen Vorrath des Metalls das Eisen nicht davon trennen kann.

[Anmerkungen: Dieser letzter Satz macht deutlich, dass ILSEMANN erkannt hat, dass er Mangan und Eisen nebeneinander vorliegen hatte. Darauf weisen auch eindeutig seine Versuchsergebnisse hin – neben dem Mangan hat er Eisen in den erhaltenen Lösungen nachweisen können – s. vor allem Versuche 7 und 9. Möglicherweise hat er bei den Schmelzversuchen sogar eine Legierung von Eisen und Mangan erhalten.]

Das kupferfarbene Metall.
1.
Dieses kupferfarbene Metall ist dem Ansehen dem Kupfer gleich; und ist nichts anders als Kupfer.
2.
Lässet sich unter dem Hammer ziemlich strecken; einige Körner bekamen Risse, weil sie mit dem weißlichen Metall vermischt waren.
3.
Der Magnet ziehet dieses Metall nicht an.
4.
Ich lösete einige Körper in Salpetersauer auf. Die Auflösung war grün. Diese Auflösung vermischte ich mit etwas Wasser und tropfte Salmiakgeist hinzu.

Sofort wurde das aufgelöste Metall braun niedergeschlagen, und die darüberstehende Flüßigkeit färbte sich nach wenig Stunden schön blau; diese letzte Erscheinung ließ mit Recht auf vorhandenes Kupfer schliessen.

[Anmerkung: Hier hat ILSEMANN eine Trennung von Kupfer von Eisen und Mangan mithilfe von Ammoniak beschrieben – Kupfer bildet den in Wasser löslichen blauen Kupfertetrammin-Komplex, Eisen und Mangan werden als Hydroxide ausgefällt . s. auch Anmerkung S. 97.]

5.

Das im vorigen Proceß niedergeschlagene ausgesüßte und wieder getrocknete Pulver mit calcinirtem Borax zusammen geschmolzen, gab ein grünes Glas.

[Anmerkung: Die grüne Boraxperle zeigt Eisen an.]

6.

Löset man von dem Metall etwas in Salpetersauer auf, und verdünnet die Auflösung mit Wasser; so kann man mit einem blanken eisernen Stabe, das Kupfer in wenig Stunden als Cementkupfer heraus schlagen.

7.

Ein Theil Metall wurde mit 16 mal so viel Bley in einen Probierscherben zusammengeschmolzen, etwas davon verschlacket; oder von der Schlacke gereinigten König zusammen geschlagen, auf eine glühende Kapelle gesetzt und gehörig abgetrieben. Das Resultat davon war dieses. Das Metall war von dem Bley aufgelöset, und sämmtlich in die Kapelle geführet, so wie es auch bey Kupfer und Bley in diesem Verhältnis zu geschehen pfleget.

In der Kapelle blieb nichts als das gewöhnliche sogenannten Bleykorn an Silber zurück.

8.

5 Gran dieses Metalls wurde zwey Stunde unter der Muffel geglühet; wog jetzt drey Gran und ließ sich noch strecken.

9.

10 Gran Metall mit 12 mal so viel gereinigtem Salpeter zusammen geschmolzen, gab eine blau grüne Salzmasse.

Der Braunstein enthält also: hauptsächlich Bittersalzerde; ein stahlfabenes Halbmetall; ein vollkommenes kupferfarbenes Metall; wirkliches Kupfer; eine Spur von Eisen; Brennbares: und Luftsäure.

*   *   *

[Anmerkungen: Nach den sehr differenzierten, dem damaligem Stand der Analytik entsprechenden Untersuchungen kommt ILSEMANN zu folgendem Schluss:
Er findet im ILFELDER BRAUNSTEIN das Metall MANGAN (auch im Versuch 9 in der Salpeterschmelze) neben Eisen und Kupfer und stellt fest, dass in dem von ihm untersuchten Braunstein Sulfat (als *Bittersalzerde* = Magnesiumsulfat – mit einem Fragezeichen zu versehen) und Carbonat (*Luftsäure*) sowie Sauerstoff (aus dem Mangandioxid) enthalten sind. An diese Untersuchungen anschließend stellt er im Vergleich zum ILFELDER Braunstein auch den sogenannten OSNABRÜCKER Braunstein vor, der jedoch aufgrund abweichender Reaktionen eher *für einen Eisenglanz zu halten sey*. – Der Aufsatz ist unterzeichnet mit:

J. C. Ilsemann,
aus Clausthal.]

EXKURS zum ILFELDER Bergbau

Der Ort *Ilfeld* liegt nördlich von Nordhausen, an der südlichen Grenze des Harzes. Hier entstand um 1100 eine Burg; 1154 werden erstmals Herren von Ilfeld genannt und 1185 das bedeutende Prämonstratenser-Kloster gegründet, das 1546 aufgelöst und dann als Schule diente. Bereits im Hochmittelalter gehörte der Ort zum Herzogtum Braunschweig.

Der *Ilfelder Manganbergbau* hatte im 18. und 19. Jahrhundert seine größte Bedeutung. In der Region wurde aber auch Kupfererz, Kohle und Eisenerz gewonnen. Aus dem Jahr 1724 stammt der erste bekannte Bericht über den Braunstein-Abbau, verfasst vom Oberförster Seibd. Darin werden mehrere Gänge bzw. Reviere beschrieben – Harzeburger Revier, Heiligenberger Gang, Müncheberg, Silberbach, Hintere Harzeburg.

Ein Bergbau-Lehrpfad, in der Nähe des *Braunsteinhauses* (ursprünglich ein Zechenhaus, heute eine Waldgaststätte) beginnend, führt heute zu 12 Stationen, wo auf Tafeln die jeweilige Bedeutung des Ortes erläutert wird.

Der Manganerzbergbau fand im Gebiet zwischen Ilfeld und Sülzhayn statt, wo die Manganerze mit Pyrolusit (MnO_2 – Braunstein), Hausmannit (Mn_3O_4) vorkommen Sie befinden sich überwiegend in hydrothermalen Gängen, die im Zusammenhang mit dem Vulkanismus (im Perm) entstanden sind und als Gangarten hauptsächlich Kalkspat, Quarz und Baryt enthalten.

Die Manganerzgewinnung begann zunächst in Raubbauform (im Tagebau) und wurde erst 1819 dem Bergamt unterstellt.

Die Mangan-Mineralien Pyrolusit und Manganit aus Ilfeld
Aus der Geosammlung der TU Clausthal
(Fotos: Roman Bojanowski)

Über die *Eisenproben* –
ein Beitrag zur metallurgischen Chemie

Über seine Erfahrungen mit der Analyse von Eisenerzen hat ILSEMANN in unterschiedlichen Veröffentlichungen sehr ausführlich berichtet – s. Übersicht S. 53.
An dieser Stelle soll nur die relativ kurze Beschreibung aus Crells Zeitschrift (s. dazu S. 55) *Chemische Annalen* 1787, Band 2, S. 519-521 als Ergänzung (und Zusammenfassung der vorangegangenen Berichte und als Beispiel für ILSEMANNS metallurgische Arbeiten zitiert werden.

Bruno KERL (1824-1905, geb. in St. Andreasberg, Ausbildung im Berg- und Hüttenwesen in Clausthal, Studium der Chemie in Göttingen, 1846 zunächst Hilfslehrer an der Bergschule, ab 1862 Professor für Hüttenkunde und Probierkunst in Clausthal, 1867 Professor an der Bergakademie in Berlin) definierte in seinem Lehrbuch *„Metallurgische Probi(e)rkunst"* (Leipzig 1866) sein Fachgebiet als „Anleitung zur quantitativen Untersuchung von Erzeugnissen des Bergbaus und Hüttenbetriebes auf die darin enthaltenen technisch nutzbaren Stoffe".

Die *Probierkunst* oder *Probierkunde* – auch Docimasie genannt – geht auf die Probierbüchlein des 15. Jahrhunderts zurück, als Anleitungsmaterialien für Prüfungen von Metallen, Metallerzen und anderen chemisch-technischen Produkten. Die Probierkunde wird als eine Vorläuferin der analytischen Chemie angesehen.

Lehrbuch aus dem 16. Jahrhundert – mit Kapitel zum
PROBIREN

Beschreibung/

Allerfürnemisten
Mineralischen Ertzt vnnd

Bergkwercks arten /wie dieselbigen/ vnd eine jede in sonder=
heit/jrer natur vnd eigenschafft nach/auff alle Metaln Probirt/vnd im kleinen
fewer sollen versucht werden / mit erklärung etlicher fürnemer nützlicher Schmeltzwerck/im
grossen fewer/auch scheidung Goldes/Silbers/vnd anderer Metaln/ Sampt einem bericht deß Kupffer
saygerns/Messing brennens/vnd Salpeter siedens/ auch aller saltzen Mineraischen
proben/vnd was denen allen anhengig/auff fünff Bücher verfast/ Deß=
gleichen zuvorn niemals in Druck kommen.

Allen Liebhabern der Fewerkünste/jungen Probirern vnd Bergkleuten
zu nutz/mit schönen Figuren vnd abriß der Instrument/ trewlich
vnd fleissig an tag geben.

Auffs newe an vielen orten mit besserer außführung/vnd mehrern Figurn
erlert/ Durch

Den Weitberühmten Lazarum Erckern/der Röm. Kay. May. Ober=
sten Bergkmeister vnd Buchhalter/ im Königreich Behem/ic.

Mit Röm. Keys. May. Priuilegien.

Getruckt zu Franckfurt am Mayn/ M. D. LXXX.

106

Kurtzer Eingang in die

folgenden fünff Bücher.

Was Probirn sey?

 As Probiren ist gar ein herrliche alte nütz-
liche Kunst / etwa vor gar langen zeiten / durch die Al-
chimiam, wie auch alle andere fewer arbeiten erfunden / durch welche man nit allein eines jeden Ertztes
vnd Berckart natur / vnnd was es für Metalln in sich
hab / auff den rechten halt / wieuiel ein Centen desselben mehr oder we-
nigers gewichtes halte / erlernen vnnd erfaren kan / sondern es lernet

*Was von die
Kunst des
probirn her-
komb / vnd
warzu sie
taugt.*

auch diese Kunst ein jedes Metall in sich selbst zu erforschen / ob ein zusatz darbey / was vnd wie viel derselbig sey / vnnd dann wie die Metall
von solcher vermischung oder zusatz / auch andern eingeleibten Metal-
lenn viel weg zu separirn vnd zu reinigen / vnd entlich für fein / rein /
vnd aller zusätz ledig zu vertheilen sein / Derhalben auch diese Kunst den
Berckleuten die Berckwerck suchen / vnd nutz dauon erlangen wöllen / sehr

A

Kapitel *Was Probirn sey* aus dem vorstehenden Buch

ERCKER, Lazarus (von Schreckenfels, geb. um 1530 in
Annaberg, gest. 1594 in Prag; 1556 Erscheinen seines
„Probirbüchleins", 1563 Münzmeister in Goslar, 1568
oberster Bergmeister im Königreich Böhmen. Sein Buch

„Beschreibung aller fürnemisten mineralischen Ertzt und Bergwercks arten...auff alle Metaln probirt...und in 5 Bücher verfast...“, Ed. 2, Frankfurt 1580 – gilt als eines der ersten Handbücher für Berg- und Hüttenleute. Es fand eine weite Verbreitung.
(G. Schwedt in: „Naturwissenschaftliche Werke von 1530 bis 1750 aus der CALVÖRSCHEN BIBLIOTHEK", Universitätsbibliothek Clausthal 1991)

Bruno KERL schrieb in seinem Lehrbuch zur Eisenprobe Folgendes:
„§.144. Allgemeines. Durch die dokimastische Eisenprobe will man entweder den wesentlichen Eisengehalt eines Probirgutes auf nassem (...) Wege bestimmen, oder auf trockenem Wege den ausbringbaren Roheisengehalt eines Eisenerzes, Hüttenproductes etc. ermitteln und dabei gleichzeitig Kenntniss über die Qualität des Roheisens im Grossen, die erforderlichen Zuschläge der Qualität und Quantität nach, sowie über sonstige den Hüttenmann interessierenden Umstände erhalten...“

ILSEMANN

V.

Von Verbesserung derer Eisenproben.

Es sind bereits im J. 1782, von mir einige Anweisungen zu Eisenproben im 6ten Theil der neuesten chemischen Entdeckungen bekannt gemacht.

Da ich seit der Zeit Gelegenheit gehabt habe, dergleichen Proben nach und nach in großer Menge anzustellen; so bin ich auch durch mehrere Erfahrung belehrt worden, wie selbige zu verbessern sind.

1. Hat sich gezeigt, daß 1/8 Kohlenstaub gegen 1 Theil Eisenstein zur Reduction hinreichend sey; und daß mehrerer hinzugefügter Kohlenstaub das Schmelzen erschwere.

2. Es ist nothwendig, beständig einene Heerd in der Tute [Retorte] *zu machen, dadurch erhält man den Vortheil, daß man selbige, nicht näher, oder 3 Finger breit der Tute für* [vor] *das Gebläse setzen kann: man hat alsdann keine Auflösung der Tute durch den Flußspath* [durch Fluorwasserstoff bzw. Fluorid?] *zu fürchten: der Heerd beschützt die Tute.*

3. Um ein leichteres Schmelzen zu machen, füge ich jetzt mehrere Fluß [Flussspath?] *hinzu; nach dieser angebrachte Verbesserung, wird man auf nachstehende Weise, seine Absicht ohnfehlbar erreichen.*

Eisenmineralien theilet man am füglichsten in Eisensteine und Eisenerze. – erstere wieder in Kalkartige, - Thonartige, - Kieselartige, - Gemischte.
[Erläuterungen: Eisensteine – Oberbergriff für Magnetit (Magneteisen-stein), Limonit (Brauneisenstein), Hämatit (Roteisen-stein) und Raseneisenstein(-erz)]

Die Eisensteine enthalten bekanntermassen keinen Schwefel, sondern das Eisen befindet sich im dephlogisti-sirten Zustand [gemeint ist nach der damaligen Phlogistontheorie das Oxid], *mithin ist bey der Probirung keine Röstung erforderlich.*
Eisenerze müßen dagegen völlig abgeröstet werden, weil hier das Eisen im Schwefel aufgelöst ist: in dessen sind

*selbige weit seltener, als die Eisensteine, am Harz fast
gar nicht, in Schweden desto häufiger.*

Eisenprobe zu Thon und kieselartigen Eisensteinen.
*Man nehme ½ Ct an dergleichen Eisenstein und
desgleichen 1 ¼ Quentin trocknen ungelöschten Lederkalk* [gebrannter Kalk]*, ferner 1 ¼ Quentin Flußspath,
reibe alles für sich recht als Staub; füge ¼ Quentchen
feinen Kohlenstaub hinzu, mische es wohl, schütte es in
eine Tute, worin zuvor ein Heerd von ¼ Kohlenstaub ¼
weißer Pfeifenthon gemacht worden, so daß auch die
Wände einen Pfeifenstil dicke überzogen sind.*

Probierer mit der *TUTE* im Herd
(Ausschnitt aus der Abbildung S. 107)

Der Heerd muß völlig trocken seyn. Als denn schütte man ½ Loth verkrachtes Küchensalz darauf, bedeckt die Tute mit einem Deckel, verstreicht sie mit Thon, Sand und Flachs-Spreu: wenn auch dies trocken ist, so setzt man sie vor das Gebläse, schmelzet 1 ¼ Stunde, nimmt die Tute heraus, läst sie erkalten, schlägt den König ab, und wägt ihn.

Probe zu kalkartigen Eisensteinen.

½ Loth fei zerriebenen Stahlstein, ½ Ct Flußspath, auch zart zerrieben, ¼ Quentchen Kohlenstaub, werden zart zerrieben gemischt, und wie vorhin verfahren.

Probe für Eisenerze.

Man zerstößt das Erz gröblich, als Erbsen, röstet hievon 1 oder 2 Loth, anfänglich einige Stunden mit gelindem, und immer mehr verstärktem Feuer noch 2 Stunden; alsdann stosset man die Körner so fein als Sand, röstet wieder 2 Stunden mit mehr verstärktem Feuer, um den Schwefel ganz zu verjagen. Als dann verfährt man wie bey deren thonartigen Eisensteinen.

J. C. Ilsemann

ERLÄUTERUNGEN

Zu den Gewichtsangaben:

Die Angaben gehören zum System der *Gewichtsmark*, ursprünglich eine nordgermanische Massenheit, die ab dem 11. Jahrhundert das Pfund als Edelmetall- und Münzgewicht verdrängt hatte.

1 Pfund entsprach 2 Mark, 1 Mark = 8 Unzen = 16 Lot = 64 Qäntchen.

Regional gab es große Unterschiede; so entsprach die Nürnberger Mark 237,52 g, die Wiener Mark 280,668 g. Die Kölner Mark mit 233,85 g galt in den Reichsmünzordnungen des 16. Jahrhunderts des Heiligen Römisches Reiches Deutscher Nation als Münzgrundgewicht und behielt diese Funktion bis 1857. Die Bezeichnung *raue Mark* kennzeichnete die Mark des legierten Münzmetalls, mit dem auch geprägt wurde.

Die historischen Zusammenhänge erklären, dass ILSEMANN diese Masseeinheiten und nicht die damals auch üblichen Nürnberger Apothekergewichte benutzte.

In der bereits genannte *Calvörschen Bibliothek* (in der Universitätsbibliothek Clausthal) sind mehrere historische Werke auch zur *Probierkunst* vorhanden.

Aus dem Werk von Lazarus ER(C)KER von 1580 auch die Ausgabe „De re metallica libri 12…" von Georg AGRICOLA (Ausgabe 1621) sowie von Christoph Andreas SCHLUETER „Gründlicher Unterricht von Hütte-Werken… Nebst einem vollständigen Probier-Buch…" (1738).

„Die Probierbüchlein dieser Zeit wurden nicht für Wissenschaftler sondern für Handwerker, und daher auch in deutscher Sprache, geschrieben. Die Vorschriften umfaßten auch die Untersuchung von Metallen und Metall-Legierungen sowie anderer chemischtechnischer Produkte und wandten sich an Metallurgen…"

(Aus: G. Schwedt, Chemische Experimentierkunst im 16. bis 18. Jahrhundert. Holzschnitte und Kupferstiche aus

Drucken der Calvörschen Bibliothek in der Universitäts-
bibliothek Clausthal, Edition Clausthal, Vogel-Verlag,
Würzburg 1992)
Die folgende Abbildung stammt aus dem Werk von
ERKNER (s. S. 105).

Ein Probirofen dafür ein Probirer probirt....

Gründlicher Unterricht

Von

Hütte-Werken/

Worin gezeiget wird,

Wie man Hütten-Werke auch alle dazu gehörige
Gebäude und Oefen aus dem Fundament recht anlegen solle,
auch wie sie am Hartz und andern Orten angeleget sind.,

Und wie darauf die Arbeit bey Gold-Silber-Kupfer-und
Bley-Ertzen, auch Schwefel-Vitriol-und Aschen-Werken geführet
werden müsse.

Nebst einem vollständigem

Probier-Buch/

darin enthalten

wie allerley Ertze auf alle Metalle zu probieren / die
Silber auf unterschiedene Art fein zu brennen, Gold und Silber
mit Vortheil zu scheiden und alles, so dazu gehöret, zu verrichten.

Mit verschiedenen zu beyden Theilen gehörigen und nach dem
Maaß-Stabe verfertigten Kupfern auch nöthigen Registern
herausgegeben

Von

Christoph Andreas Schlüter/

Königl. Groß-Britannischen, auch Chur-und Fürstl. Braun-
schweig-Lüneburgischen Zehndner am Unter-Hartz.

Mit Sr. Röm. Kayserl. Maj. auch Sr. Königl. Poln. Maj.
und Chur-Fürstl. Durchl. zu Sachsen allergnädigsten Privilegiis.

Braunschweig, gedruckt bey Friedrich Wilhelm Meyer, 1738.

Calvör H 102: Braunschweig 1738; 612, 198 S., 58 Tafeln.

Folgender Text aus dem oben angegebenen Buch:

„Christoph Andreas SCHLÜTER wurde als Sohn eines unterharzischen Hüttenreuters (Hüttenreuter = Hüttenreiter: Rechnungsbeamter eines Hüttenwerkes) geboren – so die unvollkommene biographische Notiz in Jöchers Gelehrten-Lexikon von 1751ff.

Er folgte seinem Vater in diesem Amte und wurde 1725 von der Kommunions-Herrschaft (Bergwerks- und Hüttenverwaltung im Harz) zum Zehntner (sogenannten Bergzehntner: Aufseher über den Bergzehnten) ernannt. Sein auch im Titel ausdrücklich auf den Harz bezogenes Werk im Großformat enthält auf über 800 Seiten auch 58 großformatige Tafeln...

150 Jahre nach Erckers Handbuch erschienen stellt es das umfassendste Lehrbuch für Hüttenleute im 18. Jahrhundert dar. Die Darstellungen reichen von der Errichtung der Gebäude und Öfen bis zu den Techniken des Erzabbaus, der Aufbereitung und Verhüttung. Ein ausführliches Kapitel ist auch der Probierkunst gewidmet.“

Auf der folgenden Seite ist der Anfang des Textes zu PORBIERKUNDE aus dem Original wiedergegeben (stark verkleinert).

CAPUT I.

Von der Probier-Kunst.

§. 1. Was Probieren sey und was
es vor Nutzen bringe.

§. 2. Was ausser denen ordinairen

Ertz-Proben noch mehr zum
probieren gehöre und was von
einem Probierer erfordert werde.

§. 1.

Die Probier-Kunst ist eine recht feine
und sehr nützliche Wissenschaft, welche bey Berg-und Hutten-Wercken
unentbehrlich ist, und nothwendig dazu mit gehöret, wann sonst die Arbeit
mit Vortheil geführet werden soll;
Denn eben durch das Probieren muß
man erfahren, was vor Metalle und
Mineralien ir den Ertzen oder Berg-
Arten befindlich, wie viel eigentlich

ein Centner von den Ertzen an Metallen halte, ob es rathsam,
deswegen an ein Berg-Werck viel Kosten anzuwenden, und
ein Hutten-Werck anzulegen, oder auch ob dergleichen Ertze
mit Vortheil verschmoltzen werden können. Es weiset auch
ob die Hutten-Arbeit recht geführet, und die Metalle aus den
Ertzen nach der Probe richtig ausgebracht worden. Weil
auch in einem Ertze nicht allemahl nur einerley Metall befindlich, sondern oftmehls wol viererley Metalle aus einer Art Ertze ausgebracht werden, und unter einander stecken, als Gold,
Silber, Kupfer und Bley, so kan man durch das Probieren die
Metalle an sich selbst examiniren, wie viel von einem jeden
darin befindlich sey, und darnach solche separiren und von einander scheiden.

*Was Probie-
ren sey, und
was es vor
Nutzen brin-
ge.*

4. ILSEMANN als Lehrender

Die Geschichte der heutigen TU Clausthal beginnt im September des Jahres 1775 mit einjährigen Lehrkursen in Form einer Steigerschule für Berg- und Hüttenleute und weiteren auf einem höheren Ausbildungsniveau für höhere Bergbeamte – begründet durch den Berghauptmann von REDEN (s. Kap. 5).

Von 1811 bis 1864 existiert die Lehranstalt als *Bergschule I. Classe zu Clausthal.*

1864 erfolgte die Umbenennung in *Königliche Bergakademie zu Clausthal*, 1919 erhielt die Bergakademie eine Rektoratsverfassung, 1963 wurde sie zur Technischen Hochschule und ab 1966 zur heutigen TU Clausthal.

Hans **BUROSE** (1910-2003, Pastor i.R., Mitglied der Geschichtskommission zur Vorbereitung der Zwei-hundertjahrfeier) berichtete in seinem Beitrag „Ergebnisse neuerer Forschungen zur Vor- und Frühgeschichte der Clausthaler Hochschule" aus historischer Sicht und anhand von Archiv-Dokumenten u.a.:

„Ilsemanns hüttenkundliche Vorlesungen begründen Ende der siebziger Jahre des 18. Jahrhunderts den akademischen Charakter der Lehranstalt in Clausthal

(...) vermutlich wenige Jahre nach dem Beginn des Spezialunterrichts, ging man daran, den künftigen Berg- und Hüttenbeamten eine in Form und Methode exakt wissenschaftliche Unterweisung zuteil werden zu lassen. Als erster Dozent war Johann Christoph Ilsemann tätig, dessen Vorlesungen einen durchaus akademischen Charakter trugen, wie aus manchen Einzelheiten, die noch darzustellen sind, hervorgeht.

Ilsemann wurde am 7. April 1729 als Sohn des Apothekers Johann Wilhelm Ilsemann, des Pächters der Ratsapotheke, in Clausthal geboren. Nach dem Besuch des Clausthaler Lyzeums, zu jener Zeit auch Pädagogium genannt, führte der Vater ihn in die Arzneikunde ein. Eine Gehilfentätigkeit in Wolfenbüttel, Berlin und Breslau vervollständigte die Ausbildung. 1758 übernahm er die Clausthaler Apotheke, die alle drei Jahre von der Stadt neu verpachtet wurde. Auf Grund seiner umfassenden chemischen, hüttenkundlichen und mineralogischen Kenntnisse, seiner großen Erfahrung und verschiedener wissenschaftlicher Veröffentlichungen über chemische Versuche, die ihm den Ruf eines ausgezeichneten Fachmanns einbrachten – nach ihm trägt ein Mineral die Bezeichnung Ilsemannit – wurde er häufig und gern zu Untersuchungen im Oberharzer Berg- und Hüttenwesen herangezogen. Als einziger betrieb er über viele Jahre den chemischen Teil der Bergwissenschaften auf dem Harz mit großer Sachkenntnis.

Aus Anlaß der Ilsemannschen Vorschläge und Versuche über ein verändertes Bleischmelzen erwähnt Berghauptmann von Reden 1785, daß der Apotheker fortfahre, „seine Absichten vornehmlich auf solche Entdeckungen zu richten, die dem hiesigen Berg- und Hüttenwesen zuträglich sein möchten", und wenig später ist davon die Rede, daß das Probeschmelzen nach Ilsemanns Vorschlag stattgefunden hat und für gut befunden worden ist. Reden gibt dem Ratsapotheker das Zeugnis, die Öffentlichkeit sei ihm – abgesehen von seinen Vorlesungen – zu Dank verpflichtet wegen seiner „gründlichen Kenntnisse" und der „vielen chemice von ihm zerlegten und untersuchten hiesigen Mineralien". Ilsemann selbst war im Besitz einer umfangreichen und wertvollen Mineraliensammlung, welche auch Goethe auf seiner ersten Harzreise am 9. Dezember 1777 besichtigte.

Das reiche Wissen und große Ansehen Ilsemanns machte sich die Bergverwaltung zunutze, indem sie ihm die Unterweisung junger Hüttenleute übertrug. Zu den Hörern, soweit uns deren Namen bekannt sind, zählten aber auch Bergleute, die sich einen Einblick in das Hüttenwesen verschaffen wollten. Zum Nachwies der Dozententätigkeit Ilsemanns hat Günther vier Zitate aus den Akten der Deutschen Kanzlei in London (Hauptstaatsarchiv Hannover), die ihm mit geteilt worden waren, herangezogen. Dabei wurde übersehen, daß dieser Aktenbestand eine Reihe weiterer Belege enthält. Wir verzichten darauf, uns mit Günthers Ausführungen auseinanderzusetzen und stützen uns hauptsächlich auf Funde aus dem Archiv des Oberbergamts Clausthal, vor allem auf die jährlich von der Bergverwaltung zu erstattenden Bergberichte.

Anmerkung: Mit *Günther* (Kürzel des Vornamens *Fr.*) ist der Autor des Buches „Der Harz" 1. Aufl. 1901, gemeint.

EXKURS: HÜTTENWESEN
Auszug aus dem „Bilder-Conversations-Lexikon" von BROCKHAUS (1838):
„**Hüttenwesen** (das) bezeichnet die Gesamtheit alles Dessen, was sich auf Hüttenbau und Hüttenkunde bezieht. Die verschiedenen mineralischen Stoffe kommen in der Natur nicht rein vor, sondern theils mit andern Stoffen gemengt, theils mit solchen chemischen verbunden. Die E r z e, welche der Bergmann zu Tage fördert, erfordern daher eine theils mechanische Sonderung, theils chemische Scheidung bezweckende Behandlung, damit man aus ihnen die gereinigten Stoffe erhalte, welche dann zur weiteren Bearbeitung den Künsten und Handwerkern übergeben werden. Die Erzstufen werden zerkleinert, ausgelesen, zuweilen zur

leichtern Zerbröckelung geröstet, auf Pochwerken zu einem klaren Schlamm, Schlich genannt, geschlagen, gewaschen und endlich geschmolzen. Hierbei müssen ihnen gewisse Zusätze gegeben werden, um den mit ihnen vorzunehmenden Reinigungsproceß zu erleichtern, welches Geschäft das B e s c h i c k e n genannt wird. Der H ü t t e n b a u ist es nun, welcher diese Behandlung der Erze übernimmt, und außerdem rechnet man zu demselben noch die Verarbeitung verschiedener Metalle auf Hammerwerken, Blech- und Gießhütten. Die Verfahrensarten, welche man in jedem besondern Falle, je nach Beschaffenheit der Erze und der zu gewinnenden oder zu verarbeitenden Producte wählen muß, sind sehr verschieden und erfordern nicht nur genaue chemische, physikalische, mineralogische, mathematische und mechanische Kenntnisse, sondern auch eine specielle Kunde von der Beschaffenheit, Behandlungsweise und Auslegung der verschiedenen Öfen, Pochwerke, Wächen u. dgl. Man kann schon hieraus entnehmen, daß die H ü t t e n k u n d e und H ü t t e n k u n s t eine ebenso schwierige als nützliche Wissenschaft sei und nur durch eifriges Studium, verbunden mit langjähriger praktischer Übung, in gehöriger Vollkommenheit erlernt werden könne. In den Bergakademien und auf den Bergschulen sind das Hüttenwesen und die zu demselben gehörigen Wissenschaften Hauptgegenstände des Unterrichts."

Fortsetzung BUROSE:

Die erste Nachricht [in den Bergberichten – s.o.] *findet sich im Mai 1782, wo es heißt, daß der „hiesige geschickte Apotheker Ilsemann ... schon vorhin mehrmals*

Unterricht gegeben hat und auch noch jetzt ... erteilt",
und daß es darum in Clausthal „ an einem guten
Unterricht in der Chemie, besonders in Betrachtung der
anzustellenden Versuche, nicht fehle". Es handelt sich
hier um den 1782 erstellten Bergbericht für die Jahre
1779 bis 1780. Wenn es heißt, daß Ilsemann „schon
vorhin mehrmals ... und auch noch jetzt" Unterricht
erteilt, scheint der Beginn der Tätigkeit einige Jahre
zurückzuliegen. Wann Ilsemann mit Vorlesungen und
Übungen angefangen hat, ist nicht genau auszumachen,
auf jeden Fall aber schon vor 1782. Dasselbe geht aus
einem Protokoll vom 12. Februar 1782 hervor, in dem
Vizberghauptmann von Trebra anführt, daß der zweite
Sohn des Bergarztes D. Lentin [s. S. 42] „bishero bereits
ein Collegium chemicum bei dem hiesigen Apotheker
Ilsemann gehört" habe.

Der Bergbericht von 1783, erstellt für die Zeit von
Trinitatis 1780 bis dahin 1781, führt auf: „Der hiesige
Ratsapotheker Ilsemann fährt fort, in der Chemie,
besonders der metallurgischen, Unterricht zu erteilen;
und haben bisher die Bergamtsauditoren Meyer und
Lunde nebst dem Hüttenschreiber von Ußlar von ihm
Unterweisung erhalten". Weiter heißt es, man habe die
Absicht, junge Hüttenleute zum Erlernen der Chemie
nach Göttingen zu senden. Allerdings mußten sie zuvor,
„was sie hier von dem großen und kleinen Feuer erlernen
können, gehörig begriffen haben". Aus dem Beginn des
Jahres 1785 erfahren wir, daß der Apotheker den
„diensamen Unterricht in der metallurgischen Chemie
mit gutem Erfolge erteilt hätte und noch jetzt erteile". So
fahren die Bergberichte Jahr für Jahr, lückenlos von 1783

122

bis 1802, fort in der Erwähnung der Ilsemannschen Vorlesungen. Spätestens Ende der siebziger Jahre des 18. Jahrhunderts, möglicherweise auch schon früher, hat Ilsemann den Unterricht aufgenommen, zunächst vermutlich in der Weise, daß er Privatunterricht erteilt hat, für den die Teilnehmer das Honorar aus eigenen Mitteln entrichteten.

EXKURS: Chemie an der Universität Göttingen vor 1800
Günther BEER (Universität Göttingen, Museum der Göttinger Chemie) berichtete über den Beginn der Chemie wie folgt (Evaluationsbericht 1996):
„Schon im Jahre 1735 wurden kurz nach Gründung der Universität Göttingen chemische Vorlesungen in den Wohnhäusern verschiedener Professoren oder in von ihnen angemeldeten Räumen gehalten. Ein chemisches Laboratorium sollte ebenso wie der botanische Garten und ein anatomisches Institut zu den Arbeitsstätten der medizinischen Fakultät gehören. Doch zunächst konnte nur in der Universitätsapotheke in sehr beschränktem Umfange und oft gegen den Widerstand des Pächters pharmazeutisch-chemisch gearbeitet werden. Erst 1783 wurde in der Hospitalstraße das chemische Universitäts-institut gebaut. Dieses war allerdings großzügig mit Laboratorien, Nebenräumen und Hörsaal ausgestattet. Im Obergeschoß befand sich die Offizialwohnung des ersten Direktors Johann Friedrich GMELIN. Er war Professor sowohl in der medizinischen, als auch in der philosophischen Fakultät, wie es der Vielseitigkeit seiner Fächer auch erforderte. Diese waren Chemie, Probier-kunde, Technologie, Pharmazie, Botanik, Mineralogie,

die er in Lehre und Forschung vertrat. Gmelin verfasste für die meisten dieser Fächer aktuelle Lehrpläne als Ergänzung seiner Vorlesungen…"

Erstes chemisches Laboratorium in Göttingen, Hospitalstraße
(mit Gedenktafeln)

In seiner Schrift „200 Jahre chemisches Laboratorium an der Georg-August-Universität Göttingen 1783-1983" (Göttingen 1983) berichtete Günther BEER im Kapitel „Das königliche chemische Laboratorium" u.a.:
„Die Ankündigungen in den Vorlesungsverzeichnissen des 18. Jahrhunderts enthalten Chemievorlesungen mit Vorführung von Experimenten, teilweise mit Angabe ‚in seinem Laboratorium' oder ‚In der Universitäts-apotheke'. (…)

Die Gründung des Laboratoriums
Als der König-Kurfürst Georg III. sich nach den Bedingungen der Ausbildung junger Leute im Studium der Bergwerkswissenschaften auf seiner Universität als auch auf dem Harze erkundigt, wird ihm der Mangel an einem ,öffentlichen chemischen Laboratorium' berichtet. In einem solchen könnten ,Process im großen' durchgeführt werden. Das Laboratorium wird im Herbst 1783 fertiggestellt – das Fachwerkhaus Hospitalstraße 10/7.

Hier arbeitet Gmelin mit seinem ,Amanuensis' Lampadius. Sein Nachfolger Stromeyer führt 1804/06 das Studentenpraktikum ein. Sein Schwergewicht liegt auf dem analytischen Sektor. Hier werden die Untersuchungen zur Entdeckung des Cadmiums durchgeführt. Friedrich Wöhler schafft schließlich ein Institut von Weltruf."

Fortsetzung BUROSE:

Aus der Mitte der achtziger Jahre liegt ein eigenes Zeugnis von Ilsemann über seine Dozententätigkeit vor. Am 17. Juli 1786 reichte er bei Richter und Rat zu Clausthal ein Baugesuch für ein Auditorium zu chemischen Vorlesungen ein und führte an, seine seit verschiedenen Jahren gehaltenen Vorlesungen schienen nunmehr Beifall zu finden. Er habe demnächst mit mehreren Hörern zu rechnen und bitte aus diesem Grund darum, ihm im Seitengebäude der Apotheke nach dem Laboratorium eine alte Waschstube zu vergrößern und als Hörsaal herzurichten. Berghauptmann von Reden erteilte dazu am 26. Juli 1786 die Genehmigung mit der

Auflage an die Stadt, die erforderlichen Baukosten von 34 Rtl. 14 Gr. 7 Pf. auf die Kämmereikasse zu übernehmen. Vermutlich sind diesem Umbau Verhandlungen zwischen dem Berghauptmann und Ilsemann vorangegangen, in welchen dem Ratsapotheker die beabsichtigte Zuweisung von Hörern und die Honorarzahlung aus herrschaftlichen Kassen eröffnet worden war. Man achte darauf, daß Ilsemann betont, er habe seine chemischen Vorlesungen „seit verschiedenen Jahren" gehalten.

Es hat den Anschein, als sei Ilsemanns Lehrtätigkeit anfänglich mehr privater Natur gewesen. Erst 1787 erfahren wir von einem offiziellen Auftrag, der auf die Initiative des Berghauptmanns von Reden zustandegekommen ist. Reden gibt im Bergamt bekannt, die Kammer in Hannover habe auf seine Vorstellung hin zugestimmt, „daß ... Ilsemann unter gewissen Bedingungen und gegen ein bestimmtes Gehalt aus herrschaftlichen Kassen auf die fünf Jahre von dem Quartal Crucis 1787 [vom 13. Mai bis 11. August] bis Schluß Trinitatis 1792 öffentliche metallurgische Vorlesungen halten sollte, und wäre demselben zugleich unter dem 7. Februar d. J. der Rang eines Vizebergschreibers beigelegt worden". Das heißt doch so viel, daß nunmehr ein regelrechter Vertrag, dessen Inhalt wir nicht näher kennen und eine amtliche Beauftragung zustandegekommen sind. Hier haben wir den eindeutigen Beweis, daß die Berghauptmannschaft mit Billigung der Regierung genau festgelegte Abmachungen mit Ilsemann getroffen hat. Da ein offizielles Lehrinstitut, dem der Apotheker hätte eingeliedert werden können,

126

noch nicht existierte, wurde ihm als Zeichen seines Wirkens für die Bergverwaltung der Rang eines Vizebergschreibers verliehen und damit nach außen hin eine Art Beamtenverhältnis begründet.

Im Folgenden führt BUROSE zahlreiche Belege aus den Zehntabrechnungsbüchern zur Tätigkeit von ILSEMANN als Lehrenden zwischen 1787 und 1809 an und fährt fort:

Doch geben die Archive noch weitere Beweise her, die bislang nicht bekannt waren. Fragen wir auch hier, wer die Teilnehmer an Ilsemanns Vorlesungen waren, so führen die Bergberichte der Jahre 1783 bis 1807 an die hundert Namen von Personen auf, die Hörer bei Ilsemann gewesen sind…

(…)

Die Erlaubnis, Ilsemanns Kolleg besuchen zu dürfen, erteilte der Berghauptmann. In Anerkennung des Einsatzes für die Nachwuchskräfte begnügte man sich nicht damit, Ilsemann den Rang eines Vizeberg-schreibers beizulegen. Erscheint er bis 1789 in den Akten als „Ratsapotheker" Ilsemann, so ist ab 1790 von ihm als „dem jetzigen Berg-Commissario" die Rede. Berg-kommissär war ein seltener und nicht oft verliehener hochachtbarer Titel, mit dem man Ilsemann in Würdigung seiner Verdienste ausgezeichnet hat. Hin und wieder kam es vor, daß an den Dozenten bestimmte Forderungen hinsichtlich des zu behandelnden Lehrstoffs gestellt wurden. So heißt es 1792, es sei „die Einrichtung gemacht worden, daß die Materie von Eisen und was dahin gehört genauer und umständlicher, als sonst gewöhnlich ist, durchgegangen wird".

Ilsemann war eine sehr geachtete Persönlichkeit, deren Rat und Hilfe man von Seiten der Bergverwaltung gern in Anspruch nahm. Wegen seiner großen Kenntnisse auf dem Gebiet der Chemie und Physik und wegen der vielfach von ihm durchgeführten chemischen Untersuchungen für das Harzer Hüttenwesen fand er Würdigung und Anerkennung weit über den Harz hinaus. Aus Ausdrücken wie „Auditorium", „öffentliche Vorlesungen", „zu haltende öffentliche metallurgische Vorlesungen" und „Hörer" wie aus der Tatsache, daß ihm teilweise Schüler zuhörten, die schon ein Vollstudium hinter sich hatten, müssen wir schließen, daß dieser Unterricht in einem akademischen Rahmen stattfand, akademisches Niveau hatte und von wissenschaftlicher Qualität war, die den naturwissenschaftlichen Vorlesungen und Übungen an Universitäten in nichts nachstand. Auch zu jener Zeit noch bildeten den Kern akademischer Tätigkeit die öffentlichen Vorlesungen, die von Ilsemann durch einen praktischen Laboratoriumsunterricht ergänzt wurden. Wie eifrig Ilsemann auch in der Forschung tätig gewesen ist, zeigen seine zahlreichen Veröffentlichungen.

(...)

Hans BUROSE berichtete auch über den bereits im Kapitel „Lebensweg" (S. 31) genannten Sohn Julius Christoph ILSEMAN – unter der Überschrift:

Ilsemann jun. führt die Vorlesungen des Vaters fort

Daß Ilsemann jun. einmal an die Stelle seines Vaters treten sollte, lag ursprünglich wohl nicht in der Absicht der Bergverwaltung. Schon im Jahre 1800 hatte der Hofrat Gmelin aus Göttingen auf Johann Ludwig Jordan (1771-1853) aufmerksam gemacht und empfohlen, ihn für das Hüttenwesen heranzuziehen. In einer entsprechenden Anfrage bei der Kammer bemerkt Vizeberghauptmann Meding: „Außerdem aber ist es mir auch sehr wünschenswert, bei dem eintretenden hohen Alter des Bergcommissarii Ilsemann nachgerade wieder zu einem Subjekt zu kommen, durch welches das äußerst nützliche, ja ganz unentbehrlich Institut für die Unterweisung junger Berg- und Hüttenoffizianten nach seinem Ablegen fortzusetzen sei".

Die Kammer stimmte der Anstellung zu, und Jordan traf Ende April 1800 in Clausthal ein. Im folgenden Jahr wurden ihm die Geschäfte des Münzwardeins übertragen. Die Frage, wann Johann Christoph Ilsemann von seinem Lehramt zurückgetreten ist, kann aus den Quellen auch beantwortet werden. Für das Quartal Reminiscere 1810 bescheinigt noch Ilsemanns sen. den Empfang der üblichen 50 Taler. Ab April 1810 liegen nur noch Quittungen seines Sohnes Julius Christoph Ilsemann vor. Am 29. April 1810 wurde Ilsemanns sen. 81 Jahre alt. Dies war der Zeitpunkt, wo dieser erste Dozent der Hüttenkunde und Mitbegründer der Clausthaler Lehranstalt seine Vorlesungstätigkeit abgegeben hat. Sein Wirken kann nicht hoch genug eingeschätzt werden, zumal er keine Universität besucht und sich als Autodidakt umfassende Kenntnisse angeeignet hat. Er starb am 13. Oktober 1822 im 94. Lebensjahre. Sein Chronist Du Menil spendet ihm in einem Nachruf das hohe Lob, daß er „viele Jahre hindurch neben einem Andreä fast allein die Zierde Hannöverscher Apotheker war".

Für den Übergang des Unterrichts vom Vater auf den Sohn zu dem genannten Termin, der bisher nicht bekannt war, spricht auch die Zahlungsanweisung Medings vom 15. März 1810, in der es heißt, das „der Herr Bergcommisair Ilsemann mit dem Schlusse dieses Quartals die bisher von ihm gehaltenen Vorlesungen für Berg- und Hüttenleute beschließt und von dieser Zeit an der bei ihm wohnende Sohn desselben diese Vorlesungen fortsetzen wird", und zwar „unter den bisherigen Bedingungen". Auch nach dem Ausscheiden von Ilsemanns sen. erhielt Dr. Jordan dessen Stelle noch nicht. Es ist anzunehmen, daß sich Ilsemanns sen. in starkem Maße für seinen Sohn Julius Christoph einge-setzt hat. Von diesem Sohn ist nicht viel Rühmliches zu sagen. Er soll ein offenbarer Verschwender und Spieler gewesen sein. Er hatte zuletzt ein Haus in Braunschweig gemietet und starb dort im November 1828 im Alter von 48 Jahren. So trat Münzwardein Dr. Jordan erst 1822 an die Stelle von Ilsemann jun. als Lehrer der Chemie.

Prof. Eberhard **STUMPP** (1929-2013), Anorganisch-Chemisches Institut, Lehrstuhl A, Technische Universität Clausthal, berichtete im Mitteilungsblatt der TU Clausthal (Heft 46 (**1979**), S. 14-21) in seinem Beitrag „Zur Geschichte der Chemie an der TU Clausthal" über ILSEMANN und die ersten Anfänge u.a.:

„Chemie wurde in Clausthal mit akademischem Niveau gelehrt, als sich diese Hochschule noch im statu nascendi befand. In der 1775 von dem Generalsuperintendenten Johann Christoph Friderici herausgegebenen Schrift ‚Neuen Schuleinrichtung oder Plan zur gemeinnützigen Einrichtung großer und kleiner Schulen', die als Gründungsdokument unserer Hochschule angesehen werden darf, wird für das vierte Quartal folgender Lehrplan festgelegt:
‚Wird in den letzten 50 Stunden Unterricht in der chymischen Mineralogie erteilt, dabey ihnen nicht nur die verschiedenen Salze, Bergarten und Mineralien in natura vorgewiesen, und ihre Kennzeichen und Bestandteile erkläret; sondern auch ihre größeren und geringeren Verwandtschaften gezeigt werden, wodurch ihnen der verschiedene Erfolg bey der Auflösung, Scheidung und Feuerarbeit begreiflich werden kann.'
Auch heute noch gehört zu einer einführenden Chemievorlesung ‚das Aufzeigen der größeren und geringeren Verwandtschaften' der Stoffe, und im Praktikum werden bei vielen Aufgaben ‚die Stoffe aufgelöst und voneinander getrennt'.
Die heute institutionell gegeneinander abgegrenzten Fachgebiete Chemie, Mineralogie und Metallurgie waren

zu der damaligen Zeit noch ein einheitliches Lehrgebiet. Daß die Chemie eine ihrer Wurzeln in der ‚chymischen Mineralogie' hat, kommt auch in der französischen Bezeichnung chimie minerale für anorganische Chemie zum Ausdruck.

Der erste Dozent, der nach 1775 die ‚chymische Mineralogie' lehrte, war der Apotheker J o h a n n C h r i s t o p h I l s e m a n n, der neben dem Unterricht in Mineralogie auch, wie alte Aufzeichnungen bezeugen, ‚öffentlich metallurgische und chemische Vorlesungen' hielt. 1782 heißt es in einem Bergbericht, daß es in Clausthal ‚an einem guten Unterricht in Chemie, besonders in der Betrachtung der anzustellenden Versuche, nicht fehle'.

Solide chemische Kenntnisse wurden für Hüttenleute schon damals hoch bewertet: ‚In Ansehung solcher jungen Leute, welche sich auf das Hüttenwesen legten und sich Hoffnung machten, dereinst als Bediente angestellt zu werden, bleibe es allemal nothwendig, daß dieselben sich mehr auf die Chemie legen müßten, auch das Bergamt, in dem gegenwärtigen Bergberichte, es für nöthig halte.' ‚Es komme also nur auf die ihnen dazu zu verschaffende Gelegenheit an. Daß, wie das Bergamt vermeyne, der kostbare Aufenthalt in Göttingen auch selbst bey Unterstützungen, manchen davon abschrecken dürfte, sich dahin zu begeben, solchen sey nicht in Abrede zu stellen; inzwischen bleibe diese Universität bey den schönen Anstalten, wozu seine königliche Majestät daselbst in Absicht auf die Bergwerkswissenschaft, huldreichst die Hand böthen, der bequemste Ort, eine gute Grundlage in dieser Wissenschaft zu legen. Insoferne aber die Umstände der jungen Leute es nicht gestatten, ihren Aufenthalt in Göttingen zu nehmen, so sei die Gelegenheit auf dem Hartze bey dem Apotheker Ilsemann, welchem das Bergamt eines gutes Lob, wegen seiner Geschicklichkeit in Chemie beylege, zu nutzen.'

Aus dem Bericht ist die große Wertschätzung zu ersehen, die das Bergamt der Ilsemann'schen Lehrtätigkeit beimaß, die er, wie es damals üblich war, in seiner Privatwohnung und unter Verwendung seines Laboratoriums in der Apotheke ausübte. Offenbar wollten die meisten ‚jungen Leute' nicht die Chemievorlesungen in Göttingen besuchen, sondern nahmen ‚die Gelegenheit auf dem Hartze bei dem Apotheker Ilsemann wahr', denn 1786 reichte er beim Rat der Bergstadt Clausthal ein Baugesuch für ein Auditorium zu chemischen Vorlesungen ein: Er habe demnächst mit mehreren Hörern zu rechnen und bitte aus diesem Grund darum, ihm im Seitengebäude der Apotheke nahe dem Laboratorium eine alte Waschstube zu vergrößern und als Hörsaal herzurichten. Dieser Umbau wurde genehmigt und im gleichen Jahr ausgeführt. Die Bergmannschaft erteilte Ilsemann kurz darauf einen offiziellen Lehrauftrag und erhob ihn in den Rang eines Vizebergschreibers, wodurch eine Art Beamtenverhältnis begründet wurde. Man darf mit Recht dieses erste Chemieauditorium mit dem daneben liegenden Privatlaboratorium des Apothekers Ilsemann als die Keimzelle ansehen, aus der heraus sich die heutigen Chemieinstitute entwickelt haben."

5. Die Berghauptleute
von Reden und von Trebra

Claus Friedrich von REDEN
(Porträt auf einer Medaille)

Friedrich Wilhelm
von TREBRA

Nicolaus (Claus) Friedrich von REDEN (1736-1791) stammte aus dem Adelsgeschlecht der von Reden, wurde in Celle geboren und studierte ab 1756 an der Universität in Göttingen. Er war ein Mitbegründer der Bergakademie Clausthal und als hannoverscher Berghauptmann von 1769 bis 1791 in Clausthal tätig.

Georg MÜLLER („Der Lehrkörper der Technischen Universität Clausthal sowie ihrer Vorläufer 1775 bis 1999") würdigt von REDEN wie folgt:
„Der Begründer der Clausthaler montanistischen Lehranstalt Claus Friedrich von Reden, Königlich Britannischer und Kurfürstlich Hannoverscher Berg-

134

hauptmann zu Clausthal mit Sitz und Stimme in der kurhannoverschen Regierung, hat in seiner Oberharzer Amtszeit von 1769 bis 1791 in Berichten und Protokollen den Traditionalismus der Harzer Bergbeamtenschaft und ihrer Widerstand gegen technische Veränderungen im Harzer Berg- und Hüttenwesen beklagt. Um Abhilfe zu schaffen, begründete er im Jahre 1775 in Clausthal einen Lehrkurs in der Form einer Steigerschule für Berg- und Hüttenleute und einen weiteren auf einem höheren Ausbildungsniveau für höhere Bergbeamte. Berghauptmann von Reden suchte, den technischen Fortschritt und Innovationen im Berg- und Hüttenwesen durch wissenschaftlich ausgebildete Nachwuchskräfte zu erreichen. Besonders war er an verbesserten Hüttenprozessen und einer Steigerung des Metallausbringens interessiert." [Georg Müller, 1986-1988 und 1990-1992 Rektor der TU Clausthal, bezieht sich auf die Publikation von Hans Burose, aus der zu ILSEMANNS Tätigkeit als Lehrender bereits ausführlich zitiert wurde.]

Auch GOETHE (s. folgendes Kapitel) traf mehrmals mit dem Berghauptmann von REDEN zusammen.
„Über die 3. Harzreise 1784 verfaßte Goethe ein ‚Geognostisches Tagebuch'. Der eigentliche Anlaß der Reise war jedoch ein politischer, eine Staatsbesuch seines Herzogs in Braunschweig. Auf der Hinreise kann Goethe im Gefolge des Herzogs zusammen mit dem Zeichner Kraus über Osterode nach Clausthal, wo er sich vom 10. bis 15. August 1784 aufhielt. Am 11. August war die Gesellschaft beim Berghauptmann *von Reden* zum Souper eingeladen. (...)"

Aus einem Brief an Charlotte von Stein:
d. 13. früh. Gestern sind wir von Morgens fünfe in Bewegung gewesen und haben noch Abends mit einem Soupee beym Berghauptmann v. Reeden geendigt..
(aus: G. Schwedt, Goethe-Orte des Harzes, S. 52)

Friedrich Wilhelm Heinrich von TREBRA (1740-1819) stammte aus Allstedt in Thüringen, besuchte die Klosterschule zu Roßleben und studiert an der Universität Jena Rechtswissenschaften. Er war danach der erste Student der am 21. November 1765 gegründeten Bergakademie Freiberg in Sachsen. 1767 wurde er Bergmeister in Marienberg, ab 1770 Bergkommissionsoberrat am Oberbergamt in Freiberg und 1773 Vizeberghauptmann. In Ilmenau, wo er den dortigen Bergbau kennen lernen wollte, traf er erstmals auf Goethe. 1779 kam von Trebra als Vizeberghauptmann nach Zellerfeld, 1791 wurde er als Nachfolger von Redens Berghauptmann in Clausthal und von 1801 bis 1819 war er als Oberberghauptmann in Freiberg für das gesamte Bergwesen im Kurfürstentum Sachsen zuständig.

Aus Zellerfeld, das erst 1924 mit Clausthal zur Stadt Clausthal-Zellerfeld vereinigt wurde, schrieb Goethe zwei Briefe – von seiner 2. und 3. Harzreise (24. September 1783 und 11.13. August 1784) an Frau von Stein in Weimar. Er wohnte im Hause des damaligen Vizbergmeisters von Trebra an der Goslarschen Straße. Das Haus brannte 1916 ab. Am heutigen Gebäude erinnert eine Gedenktafel in Form einer stilisierten

Tanne („Dennert-Tanne") auch an den Aufenthalt Goethes:

„Dieses Haus wurde im Jahre 1916 an der Stätte des im gleichen Jahre abgebrannten Hauses errichtet, in welchem Friedrich Wilhelm Heinrich von Trebra von 1779-1796 gewohnt hat. Er war von 1779-1791 Viceberghauptmann in Zellerfeld und von 1791-1796 Berghauptmann in Clausthal. In diesem Hause hatte er seinen persönlichen Freund Johann Wolfgang von Goethe mehrmals zu Gast und hat mit ihm mineralogische und geologische Studien betrieben. Die Anlage der Terrassen unterhalb der St.-Salatoris-Kirche ist seiner Anregung zu verdanken. Unter seiner Amtsführung wurde ein wesentlicher Teil des 1777 begonnenen und 1799 vollendeten Tiefen Georg-Stollens aufgefahren."

6. Goethe und Trommsdorff aus Thüringen, Freiesleben aus Sachsen zu Besuch beim Mineralogen ILSEMANN

J. W. Goethe 1779

Auf seiner 1. Harzreise im Winter 1777 (29. November bis 19. Dezember) – inkognito, allein und meist zu Pferd – kam Goethe über Goslar am 7. Dezember nach Clausthal und Zellerfeld. Die auf einer bewaldeten Hochebene gelegenen Bergstädte waren damals noch durch eine Landesgrenze getrennt: Clausthal gehörte zum Kurfürstentum Hannover (zur Zeit der Personalunion Hannovers mit Großbritannien 1714-1837, zur Zeit

138

des Goethebesuchs unter Georg III., der 1760 bis 1820 regierte), Zellerfeld zum Fürstentum Braunschweig-Wolfenbüttel (1735-1780 unter Herzog Carl I.).

König GEORG III.   Herzog CARL I.

In seinem Tagebuch vermerkte Goethe über den Besuch in der Bergstadt (aus Goslar kommend):

d. 7. Heimweh. Nach Clausthal. Seltsame Empfindung aus der Reichsstadt die in und mit ihren Privilegien vermodert, hierherauf zu kommen wo von unterirdischen Seegen die Bergstädte fröhlig nach wachsen...
Unter dem Pseudonym „Johann Wilhelm Weber aus Darmstadt" fuhr er in die Grube *Dorothea* ein, woran eine Tafel (stilisierte „Harzer (Dennert) Tanne") erinnert.

Zwei Jahre vor Goethes erstem Besuch am 8. Dezember 1775 in Clausthal auf dem Oberharz war hier die Bergschule, später Bergakademie und heute Technische Universität gegründet worden.

Auch wenn die Notiz Goethes in seinem Tagebuch – *d. 9. Früh auf die Hütten. Nach Tische bey Apothecker Ilsemann sein Cabinet sehn.* – nur kurz ist und keinen speziellen Eindruck erkennen lässt, so hat ihn dessen damals sehr bedeutende Mineraliensammlung vermutlich doch zu der bereits 1780 – nach der zweiten Reise in die Schweiz – begonnenen eigenen Sammlung angeregt, die mit über 18000 Nummern wohlgeordnet bis heute erhalten blieb.
(in: G. Schwedt, Goethe als Chemiker, 1998)

Am Gebäude der damals sich dort befundenen Rats-Apotheke in der Rollstraße gegenüber der Heilig-Geist-Kirche in Clausthal(-Zellerfeld) ist eine Gedenktafel angebracht (unten links neben den zwei Fenstern der Eingangstür):

Aus: G. Schwedt, Goethe-Orte des Harzes (1999)

Etwas ausführlicher berichtete der Erfurter Apotheker Johann Bartholomä(us) TROMMSDORFF (1770-1837) über seine erste Harzreise Juni bis August 1798 über seinen Besuch – von St. Andreasberg über das Dammhaus zu Fuß kommend – am 23. Juni mit wohl einigen seiner Schüler.

Dr J. B. TROMMSDORFF.

Als älterer Zeitgenosse Liebigs (1803-1873) hat Trommsdorff noch im 18. Jahrhundert die Wende vom Phlogistiker zum Antiphlogistiker (Anhänger von Lavoisier und damit zur Anerkennung der Reduktion-Oxidations-Theorie auf der Grundlage des 1773/74 entdeckten Sauerstoffs) vollzogen. Sein Wirken geht weit über seine pharmazeutisch-chemisch, phyto-chemisch und in der Mineralwasseranalytik orientierten Arbeiten hinaus. Er hat pharmaziegeschichtlich nicht nur durch die Gründung des „Journals für Pharmacie" 1793, sondern auch durch sein standes- und sozialpolitisches

Wirken einschließlich seiner vielfältigen Aktivitäten zur Verbreitung naturwissenschaftlichen Wissens eine bis heute gültige Bedeutung erlangt.

Er wurde als ältesten Kind (von insgesamt neun) des Apothekers Wilhelm Bernhard Trommsdorff (1738-1782), Besitzer der Schwanen-Ring-Apotheke, und dessen Ehefrau Dorothea (1746-1831) am 8. Mai 1770 in Erfurt geboren. Schon mit 14 Jahren – zwei Jahre nach dem frühen Tod seines Vaters – verlässt er das Gymnasium und tritt am 1. Oktober 1784 in die Weimarer Hof-Apotheke des Apothekers Dr. W. H. S. Buchholz als Apothekerlehrling ein. 1788 wechselt er zum Apotheker Zitelmann in Stettin, die letzten drei Monate des Jahres 1789 ist er beim Apotheker Fischer in Stargard tätig. Nachdem auch sein Stiefvater, der Erfurter Professor für Medizin, Chemie und Botanik J. J. Planer (1743-1789; Leibarzt des kurmainzischen Statthalters Reichsfreiherr von Dalberg), Anfang Dezember 1789 gestorben ist, kehrt Trommsdorff nach Erfurt zurück, um 1790 die väterliche Apotheke (ab 1801 in Pacht von seiner Mutter) zu übernehmen. Die Führung der verschuldeten Apotheke bedeutet für den gerade Zwanzigjährigen eine große Last – trotzdem stammen aus dieser Zeit zahlreiche wissenschaftliche und publizistische Arbeiten.

Um – wie Trommsdorff selbst schreibt – „die Pharmacie aus den Fesseln zu befreien, die sie niederdrücken…, sie aus dem Stande eines empirischen Handwerks zur wissenschaftlichen Kunst zu erheben", beginnt er im Herbst 1793 das „Journal der Pharmacie für Aerzte und Apotheker" herauszugeben. Trommsdorff zahlreiche wissenschaftlichen und auch praktisch orientierten Arbeiten, seine Vorträge in den Versammlungen der „Kurmainzischen Akademie der Wissenschaften" bereits seit dem 2. Januar 1788, und seine Beziehungen zum Statthalter des Mainzer Kurfürsten, zu von Dalberg, führen zur Verleihung der philosophischen Doktorwürde (ohne Studium) durch die Erfurter Universität am 29. September 1794 und zur Ernennung als außerordentlicher Professor für Chemie (ohne Bezüge) am 9. Januar 1795. Die ersten Vorlesungen hält Trommsdorff im Sommersemester 1795. Am 26. April 1797 heiratet er Martha Hager, die Tochter eines Pfarrers aus Wandersleben. 1800 erhält er durch ein kurfürstliches Dekret eine Besoldung von 60 Talern im Jahr. Sie wird auch nach 1802 bis zur Schließung der Universität 1816 weitergezahlt, als Erfurt unter preußische Herrschaft kommt.

1795 begründet Trommsdorff ein chemisch-pharmazeutisches Institut, in dem für angehende Apotheker meist zu Ostern beginnende Kurse durchgeführt werden. Bis zur Schließung werden in dieser neuartigen Lehranstalt über 300 Schüler registriert. 1834 beendet Trommsdorff die Herausgabe des Journals für Pharmacie mit Band 27. Noch im gleichen Jahr wird er neben R. Brandes, P. L. Geiger und J. Liebig Mitherausgeber der Annalen der Pharmacie, in der als einer „vereinigten Zeitschrift" auch der Band 28 des Journals für Pharmacie eingeht. Am 1. und 2. Oktober 1834 begeht Trommsdorff sein 50jähriges

Jubiläum als Apotheker mit einem großen Fest-programm. König Friedrich Wilhelm II. ernennt Trommsdorff am 30. September 1834 zum Geheimen Hofrat. Am 5. Juli 1836 stirbt Trommsdorffs Frau Martha, am 8. März 1837 folgt Trommsdorf ihr im Alter von 67 Jahren.

(Aus: G. Schwedt, J.B. Trommsdorff. Zum 150. Todestag, DAZ 1987 – mit Literaturverzeichnis)

Trommsdorff hielt sich bis zum 26. Juni 1798 in Clausthal und Zellerfeld auf und berichtet darüber u.a. wie folgt – den Weg zunächst von Andreasberg aus beschreibend:

... Den folgenden Morgen [23.6.] brachen wir wieder auf – wir hatten kaum eine halbe Stunde Wegs zurück gelegt, als es zu regnen anfing, und wir mussten 5 volle Stunden im Regen gehen, wo wir durchaus nass waren. Der Weg war äusserst angenehm, aber sehr bergig. Anderthalb Stunden vor Clausthal liegt ein einzelnes Wirtshaus in einem romantischem Thale, das Dammhaus genannt, wo wir eine Stunde lang einkehrten, und endlich in vollem Regen wieder aufbrachen. Endlich erblickten wir die Bergstädte Clausthal und Zellerfeld, welche beyde nur eine Stadt auszumachen scheinen, und nur durch einen kleinen Fluss getrennt werden. Wir gingen durch Clausthal nach Zellerfeld, um uns dort einzulogieren, weil aber in dem letzten Orte kein ordentlicher Gasthof ist, so kehrten wir um und logierten uns in Clausthal in den Gasthof zur Krone ein. Wir fanden hier alles über unsere Erwartung prächtig und nicht theuer.

EXKURS: Gasthof Goldene Krone

Der Gasthof wurde im Dezember 1690 eröffnet. Er brannte 1725 und 1844 ab und wurde jedes Mal wieder aufgebaut. Literarisch bekannt wurde er durch die *Harzreise* von Heinrich HEINE, als er am 15. September 1824 in diesem Gasthof auch übernachtete und darüber schrieb:

In der >Krone< zu Clausthal hielt ich Mittag. Ich bekam frühlingsgrüne Petersiliensuppe, veilchenblauen Kohl, einen Kalbsbraten, groß wie der Chimborasso in Miniatur, sowie auch eine Art geräucherter Heringe, die Bückinge heißen, nach dem Namen des Erfinders, Wilhelm Bücking, der 1447 gestorben und um jener Erfindung willen vom Karl V. so verehrt wurde, daß derselbe Anno 1556 von Middelburg nach Bievland in Seeland reiste, bloß um dort das Grab des großen Mannes zu sehen [Heine denkt offensichtlich an Willem Beukelz (Bökel) – lebte im 14. Jahrhundert im flandrischen Biervliet, soll angeblich das Einsalzen (Pökeln) erfunden haben; wie so oft bei Heine, ironisch gemeinter Hinweis auf einen großen Mann]. *Wie herrlich schmeckt doch solch ein Gericht, wenn man die historischen Notizen dazu weiß und es selbst verzehrt! Nur der Kaffee nach Tische wurde mir verleidet, indem sich ein junger Mensch diskursierend zu mir setzte und so entsetzlich schwadronierte, daß die Milch auf dem Tische sauer wurde...*

(Der Gasthof Krone existiert als Hotel Goldene Krone noch heute.)

Clausthal im Harz.   Hotel zur goldenen Krone.

Hr. Drechsler (mein ehemaliger Zögling, der jetzt als Gehilfe bey seinem Vater in Zellerfeld conditioniert), den wir in Zellerfeld angetroffen hatten, war mit uns in den Gasthof gegangen. Wir speisten zu Mittag sehr vortrefflich [s.o. aus Heinrich Heines „Harzreise"], kleideten uns aus, liessen uns in dem geheizten Zimmer [am 23. Juni!] sehr wohl seyn, und Hr. Drechsler leistete uns bis zum Abend Gesellschaft. Nachdem wir zu Abend wieder sehr gut gespeist hatten, so legten wir uns in sehr gute Betten nieder, und erquickten uns wieder von den ausgestandenen Strapazen. Da das Regenwetter noch anhielt, so beschlossen wir, bis Dienstag hier zu bleiben, und Hr. Drechsler versprach uns, am Montag alles Sehenswürdige zu zeigen. Schon bald, nach eingenom-menem Caffee, holte uns Hr. Drechsler zu einer Promenade ab. Da es Sonntag war, so fanden wir alles sehr todt auf den Strassen...

147

EXKURS: *Hr. Drechsler* und die Bergapotheke in Zellerfeld

J. B. Trommsdorff gehörte zu den bekanntesten Apotheker seiner Zeit. Er hatte auch ein pharmazeutisch-chemisches Ausbildungsinstitut 1795 in Erfurt gegründet – zur Ausbildung angehender Apotheker, an der genannte Drechsler offensichtlich als einer der ersten Schüler ausgebildet worden war. Wolfgang Götz hat sich in seiner Dissertation (1977 im Druck erschienen) ausführlich mit dem Leben und Wirken von Trommsdorf beschäftigt. Er zitiert darin zum genannten Institut den Gründer selbst:

„Er glaubte ‚einem Bedürfniße abhelfen zu können durch Gründung einer eigenthümliche Anstalt zur Bildung wissenschaftlicher Pharmaceuten...ja, daß eine solche Anstalt selbst eine Vorschule für diejenigen werden könne, welche sich zu Geschäftsleuten, Künstlern, Fabrikanten, oder überhaupt zu Gewerbetreibenden bilden wollten. Mit einem Worte: es galt die Einführung der Naturwissenschaften ins Lebens'. Die Konzeption, nach welcher er die Ausbildung zu betreiben gedachte – eine enge Verbindung von Theorie und Praxis – hatte er als ‚Methode, junge Leute zu brauchbaren Apothekern zu erziehen' bereits 1793 veröffentlicht."

Die BERG-APOTHEKE in Zellerfeld wurde bereits 1576 gegründet und fiel 1672 einem großen Brand zum Opfer. 1674 ließen Jacob Andreas Herstelle und Anna Katharina Drechsler, Tochter des Oberbergmeisters, die jetzige Berg-Apotheke erbauen. 1687 erhielten sie für den Betrieb das fürstliche Privileg. Von 1674 bis 1776 war die

Apotheke im Besitz der Familie Herstelle (von 1671 bzw. bereits 1657 bis 1723 waren sie auch als Apotheker der Clausthaler Raths-Apotheke tätig, die 1723 an die Stadt verkauft wurde), dann folgte die Familie Drechsler bis 1876 als Eigentümer des Hauses und der Apotheke. Die Tochter Henriette Luise des Apothekers Erhard Andreas Herstelle hatte den Provisor Christian Gottlob DRECHSLER, den Sohn des Predigers Christian Drechsler zu Neuwitz in der Neumark geheiratet, wodurch sie in die Familie Drechsler kam. Dieser übergab die Apotheke an seinen Sohn Dr. phil. Friedrich Christian (-1807).

Johann Barthlomäus TROMMSDORFF schrieb zum frühen Tod seines Schülers HERSTELLE in seinem „Journal der Pharmacie für Aerzte, Apotheker und Chemisten" (16. Band, 1807, S. 469):

...Kaum hatte ich mit zitterender Hand die Nachricht von dem Tode meiner lieben Freunde in Berlin mitgetheilt [Valentin Rose und Jeremias Benjamin Richter]*, als eine neue Schreckensnachricht eingeht, die mich mit tiefster Trauer erfüllt; auch mein Freund D r e c h s l e r in Zellerfeld ist nicht mehr; er starb ganz unerwartet am 18ten August dieses Jahres. Er war einer meiner ersten Schüler, mein Freund im strengsten Sinne des Wortes, und ein ächter Biedermann* [= Ehrenmann; erst im 19. Jh. abwertend gebraucht!]*. Seine ausgebreiteten, vielseitigen, gründlichen Kenntnisse erwarben ihm eben so viel Beifall und innige Hochachtung als sein edler Charakter, und sein Verlust ist mir äußerst schmerzhaft. Genau bekannt mit seinen Verhältnissen theile ich einige davon dem Leser mit. (...)*

Wir erfahren über seine Familie (s. auch oben zur Bergapotheke), seine gute Schulausbildung (mit Namen der Lehrer – bis zum 15. Jahr Schul- und Privatunterricht), dann in Wolfenbüttel u.a. bei *Prof. Leiste* (Christian Leiste, 1738-1815, Pädagoge, Mathematiker, Geograph; Rektor der Großen Schule zu Wolfenbüttel), lernte Englisch, Französisch, Mathematik, war dann in Zellerfeld in der Apotheke seines Vaters und erhielt Unterricht vom *Rector Rettberg* (1775-1806, Leiter des montanistischen Kurssystems – später Bergschule) *... und auch hörte er bey dem geschickten Apotheker I l s e m a n n ein Jahr lang Chemie und nahm bey dem Oberhütteninspector S c h ö n e m a n n Unterricht im practischen Probiren der Berghütten Producte und Münzen. Hierauf kam er zu mir ins Institut, und blieb daselbst vom 8ten April 1796 bis zu 7ten October 1797. Während dieser 1 ½ Jahre beschäftigte er sich mit einem ungemeinen Fließ mit theoretischer und practischer Chemie, Naturlehre, höhrerer Mathematik, Naturgeschichte und Philosophie...*

In Berlin besuchte DRECHSLER Vorlesungen bei Klaproth sowie Hermbstädt (beide Apotheker und Chemiker) und Karsten (Mineraloge). Seine Promotion erfolgte 1803 in Halle, 1805 übernahm er die Bergapotheke seines Vaters in Zellerfeld.

ZELLERFELD
Stadtmitte mit Bergamt und Pfarrkirche St. Salvatoris
vor den Bränden von 1671 und 1672

(Abbildung aus: G. Schwedt, Historische Harzreise in Kupferstichen, 1993 – daraus auch der folgende Text:

„Die auf dem Merianstich herausragende Kirche St. Salvatoris wurde von 1675 bis 1683 als Steinbau neu errichtet. Hier wirkte von 1677 bis 1710 der spätere Generalsuperintenden Caspar Calvör, dessen Barock-bibliothek erhalten blieb. Der Wiederaufbau der ganzen Stadt erfolgte nach einem neuen schachbrettartigen Muster mit breiten Straßen und Baumreihen, die ein

151

Übergreifen von Bränden in Zukunft verhindern sollten. Die Wohnhäuser wurden in holzverschaltem Fachwerk ausgeführt. Am Zellerfelder Markt blieben die ältesten Häuser, das Dietzelhaus (von 1673) in der Bergstraße und die Bergapotheke (1674) mit geschnitzten Köpfen (Fratzen) an den Balkenenden erhalten. Um den zentralen Thomas-Mertens-Platz entstanden Amtshaus und Zehnte sowie das Rathaus (heute Bergwerks-museum). 1737 verzeichnete die Stadt nochmals einen verheerenden Brand. Bis 1788 war sie Sitz des Berghauptmanns."

Folgen wir nun weiter dem Reisebericht von TROMMSDORFF:
...Vormittags [also vor dem genannten Mittagessen] *hatte ich auch das Vergnügen, den verdienstvollen Hn. Bergsecret. und Apotheker I l s e m a n n kennen zu lernen. Dieser Mann nahm mich ausserordentlich freundschaftlich auf, und zeigte mir sein Mineralien Cabinet, welches ich für eins der vortrefflichsten halte, die ich gesehen habe. Es enthält keine einzige schlechte Piece [= Stück], jedes Stück ist vortrefflich conservirt und instructiv. Eine Menge wahrer Prachtstücke befinden sich darunter, z. B. eine Stufe weissen kristallisirten Bleyspath, auf welche man öfters mehr als 200 rth. In Golde gebothen hat. Sehenswürdig sind seine Silber-stufen (eine Seite von Kalkspathen und Flusspathen). Da wir nicht alles in der kurzen Zeit besehen konnten, so war er so gefällig, uns auf den folgenden Tag wieder einzuladen.*
(...)

[Am folgenden Tag fuhren TROMMSDORFF und seine Begleiter in die Gruben D o r o t h e a und C a r o l i n a ein.]

Nachdem wir zurück gekehrt waren, besuchte ich wieder Herrn I l s e m a n n, der mir den übrigen Theil seines Cabinets, seine Instrumente, Laboratorium und Präparate zeigte. Ilsemann ist jetzt Antiphlogistiker (Anhänger Lavoisiers), und ein vortrefflicher, praktischer Arbeiter; seine vorzüglichste Stärke ist Metallurgie. Er lehrt den jungen Hüttenleuten die metallurgische Chemie. Nachmittags besuchten wir einige Pochwerke und die Frankenscharner Hütte, eine der grössten auf dem Harze;
...
[Am folgenden Dienstag brach dann die Gruppe nach Goslar auf, *welches nur 3 gute Stunden von Clausthal liegt, und Hr. Drechsler hatte die Gefälligkeit, uns bis dahin zu begleiten...*]

Johann Carl FREIESLEBEN

Johann Carl FREIESLEBEN (1774-1846) besuchte von 1790 bis 1792 die Bergakademie Freiberg, lernte dort Alexander von Humboldt kennen, mit dem er sein Leben lang befreundet war. 1792 bis 1795 studierte er Rechtswissenschaften in Leipzig und unternahm von dort aus Erkundungsreisen in den Harz (s.u.), mit Humboldt auch Reisen nach Savoyen und in die Schweiz. 1796 wurde er Bergassessor in Marienberg, 1799 Bergmeister in

Johanngeorgenstadt und ab 1828 war er als Berghauptmann Leiter des Sächsischen Oberbergamts.

Im 2. Theil seiner Schrift *Mineralogische Bemerkungen bey Gelegenheit einer Reise durch den merkwürdigsten Theil des Harzgebirges* (Leipzig 1795) lesen wir (S. 164):

§.230.

Der als Privatmann eben so würdige, wie als Chemiker verdiente Herr Bergcommissair Ilsemann (der gegen-

wärtig jungen Hütten- und Bergleuten Unterricht in der Mineralogie, Chemie und besonders Metallurgie ertheilt) besitzt wahrscheinlich die schönste Sammlung aus krystallisirten weißen Bleyerze von Glücksrade zu Zellerfeld, die bekannt ist. Außerdem sahen wir auch hier, eine Menge seltne ausländische Mineralien, und eine sehr reichhaltige Sammlung beynahe aller Foßilien, die von Zeit zu Zeit auf dem Harze gebrochen haben. Unter den ausländischen Foßilien erwähne ich blos eines sehr schönen Stückes K u p f e r g l a s, das in geschobene sechsseitige Säulen, mit zwey gegenüberstehenden sehr schmalen Seitenflächen und vollkommen geraden Endflächen krystallisirt war. Es hatte eine ungemeine Aehnlichkeit mit krystallisirten Sprödglaserze.

Die Grube *Glücksrade* (**Glücksrad**) war eine hauptsächlich von 1666 bis 1723 betriebene Silber- und Kupfergrube im Oberharzer Gangerzrevier – nördlich der Straße von Oker nach Clausthal-Zellerfeld (L 517) in der Gemarkung Oberschulenburg. Von 1748 bis 1761 fand noch ein Nachlesebergbau statt, 1771 wurde die Grube stillgelegt.

Mit *Kupferglas* ist das Mineral CHALKOSIN Cu_2S gemeint, auch Kupferglanz genannt.

In der Einleitung zum ersten Teil seiner Schrift (*Bergmännische Bemerkungen...*) nennt FREIESLEBEN auch die Begleiter seiner Harzreisen:.

Herbst 1793: *Graf von Geßler, D. Reuß aus Bilin*

Herbst 1794: *Ober-Einfahrer Freiesleben aus Freyberg, Werkmeister Herrn Heyn.*

Carl Friedrich Graf Geßler (1752-1829) wurde Königlich-preußischer Geheimer Finanzrat und Diplomat.

Franz Ambrosius Reuß (1761-1830) war Brunnenarzt in Bilin, ein in seiner Zeit bedeutender Naturforscher.

1790 wird im *Chrufürstlich-Sächsischen Hof- und Staats-Calender* unter *Freyberg* Carl Friedrich Freiesleben als *Obereinfahrer Adjunctus* und *Ober-Stollnfactor* aufgeführt. Die Familie Freiesleben, aus der auch Johann Carl Freiesleben stammt, war eine in Freiberg beheimatete Bergmannsfamilie, so dass es sich wohl um einen Verwandten handelte, der den jungen Freiesleben begleitete.

Außerdem erwähnt FREIESLEBEN noch den Berghauptmann von TREBRA, den Viceberghauptmann (Franz August) von MEDING (1765-1849, später Kabinettsminister des Königreichs Hannover) und den Oberbergmeister (Georg Andreas) STELZNER (1725-1807, später höchster technischer Bergbeamter im Harz) denen er für ihre Unterstützung dankt.

7. Das Molybdänmineral ILSEMANNIT

1787 berichtete ILSEMANN in Crell's Ann. Chem. (67, 1 – S. 407-414 über seine

Versuche über Molybdäna, oder Wasserbley von Altenberg.

*Der erfahrne **Scheele** hat uns über das Wasserbley eine vortreffliche Abhandlung hinterlassen, wovon ein Auszug in dem 6ten Theile der neuesten chemischen Ent- deckungen befindlich ist. Er hat Wasserbley von ver- schiedenen Orten untersucht, und ihre Bestandtheile gleich gefunden: nemlich Schwefel und eigene Säure, fast zu gleichen Theilen, etwas Erde, etwas Eisen. Nach Hrn. Kirwan enthalten 100 Theile an Säure 45, und an Schwefel 55 Theile. Das von mir untersuchte war das Altenberger Wasserbley; ich suchte nur zu erfahren, ob dieses sich den Scheeleschen gleich verhalten würde, fand aber bald, daß das erstere zwar in denen mehresten Eigenschaften mit den **Scheeleschen** übereinkommen, in andern eine große Verschiedenheit zeige. Größtentheils bin ich hiebey den **Scheeleschen** Versuchen gefolgt, bey einigen bin ich auf andere Weise verfahren,*

ERLÄUTERUNGEN:

In *Altenberg* im Osterzgebirge stießen Bergleute um 1440 auf Zinnseifen. An den Bergbau erinnert heute das Technische Denkmal „Zinn- und Pochwäsche". Im 1802 zu Erkundungszwecken aufgefahrenen Neubeschert- Glück-Stollen befindet sich ein Museumsbergwerk. Mit der Verleihung der Stadt- und Marktrechte 1451 begann ein wirtschaftlicher Aufschwung. Die Zinn-Lagerstätte gehörte zu den bedeutendsten in ihrer Zeit.

Altenberg im Osterzgebirge – Ansicht nach 1800

Die von ILSEMANN genannte Arbeit von SCHEELE erschien auch in den von Abraham Gotthelf Kästner (1719-1800, Prof. für Naturlehre und Geometrie in Göttingen) heraus-gegebenen *„Der Königl. Schwedischen Akademie der Wissenschaften neue Abhandlungen aus der Naturlehre, Haushaltungskunst und Mechanik"* (als Übersetzung: Leipzig 1783, S. 238-248), worin SCHEELE im ersten Absatz schrieb:

„Ich verstehe hier nicht das gemeine Wasserbley, das sich in der Apotheke findet, das ist von dem sehr unterschieden, über welches ich jetzo meine Versuche

mittheilen will... Die Arten, zu deren Untersuchung ich Gelegenheit gehabt habe, sind an unterschiedlichen Stellen gefunden worden, aber alle von einerley Art und Bestandtheilen.“

ILSEMANN
1) Das Verhalten des Altenberger Wasserbleyes im Feuer.

Scheele giebt die von ihm untersuchte Arten vor fast ganz flüchtig im Feuer an. Es wurden daher 104 Gran ganz reine metallisch glänzende Schuppen von diesem Wasserbley zerrieben, 5 Stunden im Probierofen mit starken Feuer, in einem Probierscherben geglüht. Sobald der Scherben glühete, fieng die Erde an zu dampfen; wie der Scherben nach ¼ Stunde herausgenommen wurde, roch es nach Schwefel, nach einer Stunde und noch eher schwoll diese Erde auf, nahm eine graue Farbe an, oben auf zeigten sich weiß glänzende Nadeln in Büscheln: nach dem Erkalten war die Farbe noch weisser, die Erde wog 64 Gran, also waren 40 Gran verflüchtigt; diese 64 Gran wurden abermals 5 Stunden auf vorige Art geglühet, wogen nunmehr 62 Gran; kaum waren 2 Gran verloren, wovon auch etwas verstaubt seyn konnte. Dieses ist der Hauptumstand, worin das Altenberger Wasserbley von den Scheeleschen abweicht, weil die seinigen beinahe ganz flüchtig waren. Die geglühete Erde wurde zu nachstehenden Versuchen aufgehoben. Jetzt war ich gezwungen, einige der übrigen Versuche mit einem aus dichten Blättern bestehenden, zugleich mit etwas Thonerde gemischten, Wasserbley anzustellen. 2. Qu. davon wurden auf vorige Weise 4 Stunden geglühet, es zeigten sich wieder weiße glänzende Nadeln, die Erde wurde grau und verlor nur 1/8, bey dem Glühen zeigte sich wieder Schwefelgeruch, aber keine Flamme.

[**Erläuterungen:** In „Die Schule der Chemie" von J. A. Stöckhardt (19. Aul. 1881) ist zu lesen: „Unter den Namen *Molybdän-Wasserblei* oder Molbydänglanz kommt zu Altenberg in Sachsen auch das bekannteste Molybdänerz vor. Seinem Aeusseren nach gleicht es dem gewöhnlichen Wasserblei oder Graphit, es ist bleigrau, metallglänzend, blättrig, weich und abfärbend, wie Graphit; seine Bestandtheile sind aber Molybdän und Schwefel MoS_3 .. Röstet man Schwefelmolybän an der Luft, so bilden sich schweflige Säure, welche entweicht und Molybdänsaäure (MoO_3), welche zurückbleibt.."]

2) 2 Qu. reines rohes Wasserbley wurde zerrieben, mit einer Unze gereinigtem Salpeter in einen glühenden Tiegel eingetragen; die Mischung verpufte sehr schwach, blos an den Seiten waren einige glühende große Funken zu bemerken; hiedurch wurde man überzeugt, daß wenig oder gar kein Schwefel vorhanden war. Das ausgesüste sahe dem Eisenrost gleich; nach geschehener Auflösung in Wasser, gehöriger Aussüßung und Trocknen, wog der Rückstand 1 Qu. 50 Gran. Dagegen **Scheele** *von den seinigen von 2 Qu. nur 2 ¼ Gran erhielt. Hier zeigt sich also wiederum eine große Verschiedenheit. Bey dem Altenberger Wasserbley sind offenbar mehrere erdigte, und weniger brennbare und flüchtige Theile. Die salzigte Auflösung von der ge-*

glüheten Masse, gab etwas vitriolisirten Weinstein und Salpeter: vermuthlich rührte der erste von der in Erde befindlichen Vitriolsäure her; hiervon konnte auch der Schwefelgeruch entstehen. Wäre nur 1/10 Schwefel darin, so hätt eine lebhafte Verpuffung erfolgen müssen.

[**Anmerkungen**: Das weiter unten abgebildete Mineral aus den Sammlungen des Mineralogischen Museums der Universität Bonn verzeichnet auf dem dazugehörigen Etikett als Formel: **Mo_3O_8 (+ aq. + H_2SO_4)**. Also auch hier wurde Sulfat nachgewiesen! Und der Gewichtsverlust ist auf die in Klammern gesetzten Bestandteile zurückzuführen. Als *erdigte Theile* sind allgemein Oxide zu verstehen.]

3) 2 Qu. rohes Wasserbley wurde einer halben Unze frisch bereitetem festen pflanzenartigen Laugensalze in einer wohlverstrichenen Schmelzdute ½ Stunde geglühet und geschmolzen, die Masse hatten nach dem Erkalten eine schwarze Farbe, lösete sich im Wasser grün auf; nachdem sie durch Fließpapier gelaufen, wurde sie mit Wasser verdünnt, und mit Kochsalzsäure gesättigt; fauler Eyergeruch war allerdings vorhanden; es fiel auch etwas Schwefel zu Boden. Indessen da die Erde auch Vitriolsäure enthält, so mogte der mehreste Schwefel hieraus, und aus dem Brennbaren wohl erst entstanden seyn; der bekannte Geruch von Schwefelleber verschwand sehr bald, welcher sonst gewöhnlich lange anhält.

4) 1 Qu. rohes zerriebenes Wasserbley wurde mit 3 Qu. reinem festen Laugensalz und ½ Quart. Wasser beynahe eingekocht, alsdann mit Wasser verdünnt, durch Fließpapier gekläret, mit Kochsalzsäure nieder-

geschlagen. *Hier schlug sich häufig eine weiße Erde nieder, jedoch war nicht der mindeste Geruch von Schwefelleber zu spüren; wie etwas zuviel Säure hinzukam, lösete sich alles klar auf.*

[**Erläuterungen:** ILSEMANN hat in diesem Versuch die Molybdänsäure ausgefällt. Es bildet sich beim Ansäuern ein weißer Niederschlag von formal H_2MoO_4 bzw. als $MoO_3 \cdot H_2O$, der sich im Überschuss von Säure als MoO_2^{2+}-Kation löst, wie ILSEMANN richtig beobachtet und beschrieben hat.]

5) 2 Qu. weißer Arsenik wurde mit 1 Qu. rohen Wasserbley gemischt, in einem Glase sublimirt: die Mischung stieg weiß auf, mithin war auch hier kein Schwefel zu finden, weil das Sublimat sonsten gelb hätte aufsteigen müssen. 1 Finger hoch vom Boden hatte sich ein grüner Ring 1/8 Zoll breit sublimirt; auch war der Bodensatz hin und wieder grün gefärbt.

6) Von der Säure des Wasserbleyes. 2 Qu. geriebenes und 4 Stunden geglühetes Wasserbley wurde ohne weitere Vorbereitung mit 4 Unzen Wasser, in einem in Sand gesetzten Porcellaingefäß, bis auf 1/3 verdampft und eingekocht, dieses zu dreymalen wiederholt, bis am Ende 2 ½ Unze übrigblieben. Das Wasser nahm eine weingelbe Farbe an; nachdem es klar abgegossen, färbte es eine bis zur blaue verdünnte Lakmustinctur gleich etwa, und binnen einer Stunde völlig roth, bewies sich also als eine Säure. Dieses mit der Wasserbleysäure verbundene Wasser; schlug eine Auflösung des Bley-zucker, de Schwefelleber in Wasser, und das Kalkwasser nieder.

[**Erläuterungen:**
Mit *Wasserbleysäure* ist die Molybdänsäure gemeint –
ILSEMANN erkennt, dass Molybdän bzw. das Oxid in
Wasser eine Säure bildet.]

*7) Von einer blauen Farbe aus dem Wasserbley,
welche im Wasser sogleich verschwindet. Die vom ersten
Versuch erhaltene 62 Gran Wasserbley wurden in ein
klein weiß Glas gethan, alsdann 2 Qu. Vitriolöl in 6 Qu.
Wasser getropft, hierauf diese Mischung in das Glas
geschüttet, in heissen Sand gesetzt, bis auf ¼
verdampft: die Flüssigkeit wurde dick, nahm eine grüne
Farbe an, sobald sie erkaltet war, war die grüne Farbe
verschwunden, und statt dessen eine herrliche dunkelblau vorhanden. Nachdem die Mischung einige Stunden
gestanden hatte, goß ich etwas davon in viermal soviel
kaltes Waser, so fort verschwand die blaue Farbe; das
Wasser nahm gleich seine natürliche Farbe wieder an.
Sobald dieses helle Wasser wiederum bis zur vorigen
Dicke verdampft wurde; so war die grüne, und in der
Kälte die blaue Farbe wieder da. Diese Erweckung und
Vernichtung der blauen Farbe habe ich 4mal hinter
einander bewürkt. Auch das mit etwas Thon gemischte
Wasserbley gab mir eben die Erscheinung, jedoch ist das
Blau von ganz reinem Wasserbley weit schöner. Man
kann die hinterbliebene Erde noch verschiedenemal mit
Vitriolsäure ausziehen, jedoch sind die ersten Auszüge
von einem weit schönern Blau, als die letzten. Auch ist es
zu diesem Versuch hinlänglich, wenn man das
Wasserbley 3 bis 4 Stunden glüht. Bey dem Aufgießen
der Säure auf die Erde nimmt man kein Brausen war,
auch entsteht nachher weder Alaun, noch Selenit, noch*

Bittersalz. Jedoch wird die Auflösung dick, die Erde zeigt sich als eine ganz besondere Erde. Die blaue Farbe steht nun schon über 2 Monat und ist noch immer eben so blau.

Erläuterungen zum Molybdänblau

Mit der Bildung und Zusammensetzung der Molybdänblaus haben sich zahlreiche Chemiker auch noch in der zweiten Hälfte des 20. Jahrhunderts beschäftigt. Die durch die Reduktion vom Molybdat (Oxidationsstufe +6) mit z.b. Zinn(II)chlorid, Zink, Schwefelwasserstoff oder Schwefliger Säure erhaltenen tiefblaue kolloide Lösung besteht aus Mischoxiden des vier- bis sechswertigen Molybdäns (H_xMoO_3 – mit x= 2: vierwertig bis x=0: sechswertig), die zum Teil Mo_3-Metallatomcluster enthalten.

8) Von einer blauen Farbe aus dem Wasserbley, welche durch die Vermischung mit Wasser nicht ver-schwindet, sondern sich viele Tage blau erhält. 1 Unze zerriebenes 4 Stunden geglühtes Wasserbley wird, wie im 3ten Versuch bemerkt worden, mit 16 Unzen Wasser bis auf 1/3 eingekocht; nachdem das Wasser durch Fließpapier gelaufen ist, so gießet man hiervon eine halbe Unze in ein kleines weisses Gläsgen, worin man zuvor 10 Gran Drehspäne von reinem Engl. Zinn gelegt hat, tropft 4 Tropfen Kochsalzsäure hinzu, lässet es ¼ Stunde oder länger ruhig stehen, so fort wird man die schönste blaue Farbe von unten auf entstehen sehen, welche immer dunkler wird. Diese und die folgenden, mit den übrigen Metallen erweckten, Farben kann man mit so viel Wasser vermischen als man will, die Farbe wird zwar verdünnt, aber die Mischung bleibt immer blau, hält sich viele Tage, setzt am Ende blauen Niederschlag ab. Eben diesen Versuch habe ich mit sämmtlichen Metallen angestellt, und diejenigen Metalle, welche mir das beste Blau geliefert, vorauf gehen lassen. Einige habe ich in Form von dünnen Blättern, als Silber, Zinn, Bley, andere zerstoßen oder gefeilt, dazu verwendet. Die wäßrige Auflösung, die Metalle, das Kochsalzsauer, habe ich immer in eben dem Verhältniß, wie bey dem Zinn genommen. Koboldkönig gab ein schönes Dunkelblau, Blattsilber dergleichen, die Blätter behielten ihren Zusammenhang, verloren dagegen ihren metallischen Glanz; auch eine Menge von feinem Silber gab Blau, bekam aber schwarze Flecken. Bley, gab ein schön Blau, Kupfer, desgleichen. Quecksilber, desgleichen. Eisen, ein Stahlblau. Braunsteinkönig, ein schön Blau, u. war den andern Tag oben meergrün, unten blau. Kupfer-nickelkönig desgleichen. Gediegener Arsenik, ein schön Blau. Spießglaskönig, gab ein ziemlich Blau. Wismuth, ein schwaches Blau. Zink, ein schwaches Blau. Hinggen gereinigte Platina und Gold, gaben kein Blau. Einige Mischungen erfordern ½, andere eine ganze Stunde, andere 6 Stunden, ehe die blaue Farbe erscheint. Wenn die Mischungen einen Tag gestanden haben, so nehmen sie zum Theil ein so tiefes Blau an, daß man 4mal so viel Wasser zuschütten muß, ehe sie durchsichtig werden, alsdann kann man die Schönheit und Verschiedenheit der blauen Farbe erst recht wahrnehmen.

9) 1 Qu. calcinirtes Wasserbley wurde zu öfternmalen mit eine Unze Kochsalzsauer übergossen, in Sande erhitzt und gekocht; nachdem das erste Kochsalzsauer zur Hälfte eingekocht war, zeigte sich auf der Oberfläche eine starke Salzhaut, und es fielen eine Menge weiße leichte Salzflocken zu Boden; die Auflösung wurde jederzeit ab-, und frisches Kochsalzsauer aufgegossen, bis 12 Unzen von letztern verkocht waren; die Salzhaut zeigt sich jedesmal; die sämmtlichen Auflösungen wurden zusammen gegossen; die Flüssigkeit war dicklich, obgleich von dem Qu. nur 30 Gran aufgelöst waren. Wenn ich von der Auflösung etwa ein paar Qu. in einem runden Tropfenglase verdampfen ließ, so stieg etwas Sublimat auf, welcher in der Kälte blau wurde, und blau blieb; besonders wenn er erst einige Tage Feuchtigkeit aus der Luft angezogen hatte. Nunmehr wurde die sämmtliche Auflösung aus einer gläsernen Retorte bis zur Trockne abgezogen; es stieg eine salzigter Sublimat auf, in der Vorlagen schwommen viele Salznadeln, blauer Sublimat war aber nicht zu sehen, vielleicht war das Feuer zu stark; nachdem das Ueberbleibsel in der Retorte mit Wasser ausgezogen und abgedampft war, wurde es ebenfalls herrlich blau.

10) 2 Qu. zerriebener gereinigter Salmiak wurde mit 1 Qu. zerriebenen rohen Wasserbley sublimirt, die Mischungen stieg gelb auf. Einen Beweis von dem darin befindlichen Eisen.

11) 2 Qu. fein geriebenes Wasserbley wurde mit 75 Grab gebrannten Kalk, 75 Gr. Flußspath, 15 Gran Kohlenstaub, 2 Qu. Kochsalz, 1 Stunde vor dem Gebläse geschmolzen ohne Metall zu erhalten.

*12) 4 Gran calcinirte reine Molybdäna gab ½ Qu. calcinirten Borax ein grünliches Glas. Aus obigen ziehe ich die Folge, daß das Altenberger Wasserbley viele, ja die mehresten von denen Eigescnaften besitze, welche **Scheele** von den seinigen angeführt hat*, aber darin hauptsächlich abweiche: daß es kein so flüchtiger Körper sey; dabey wenig oder gar keinen Schwefel enthalte. Vielmehr scheint es mir eine eigene Erde mit eigener Säure (welche das Brennbare der Metallen heftig an sich ziehet,) und etwas Eisen verbunden zu seyn. Der Mangel an Wasserbley hat mich auf obige Versuche eingeschränkt, indessen haben sie mir viel Vergnügen gemacht, und dieser Körper verdient weitere Untersuchung.*

J. C. Ilsemann.

———————

* Ich zeige vorläufig an, daß Hr. H e y e r zugleich jenes Mineral zum Gegenstande seiner Untersuchungen gemacht hat, und mir nächstens seine vielfältigen Versuche geneigtest mittheilen wird. C.

Erläuterungen und Exkurs

Ilsemann hat richtig erkannt, dass es sich beim *Wasserbley* um eine Erde (= Oxid) und auch um eine Säure handelt.

Der von CRELL (C.) erwähnte Heyer war der Braunschweiger Apotheker Justus Christian HEYER (1746-1822) – ab 1791 (bis 1817) Eigentümer der Hagenmarkt-Apotheke. Er veröffentlichte zahlreiche Beiträge zur Chemie und Mineralogie, die u.a. im „Das gelehrte Teutschland oder Lexikon der jetzt lebenden teutschen Schriftsteller" (Hrsg. G. Ch. Hamberger, fortges. von J. G. Meusel), 3. Band, Lemgo 1797, S. 300-301, verzeichnet sind. Die angekündigten ausführlichen Versuche erschienen in Crell's chem. Ann. 1787, 2. Band, S. 21ff und 134ff. Heyer besaß auch eine umfangreiche Mineraliensammlung, die etwa 4000 Exponate umfasst haben soll. Der Biograph von Ilsemann, Du Ménil, veröffentlichte 1822 im „Neues Journal der Pharmazie für Aerzte, Apotheker und Chemiker" von J. B. Trommsdorff *Justus Christ. Heyer's Leben kurz abgefaßt von D. Du Menil in Wunstorf* (6. Band, 1. Stück, S. 418ff, Leipzig 1822).

1871 berichtete der österreichische Montangeologe Hans HÖFER von Heimhalt (Elbogen 1843-1924 Wien) über das

Ilsemannit, ein natürliche Molbydänsalz

„Neues Jahrbuch für Mineralogie, Geologie und Paläontologie" (s. 566-570).

HÖFER hatte 1860 bis 1864 an der Montanistischen Hochschule in Leoben studiert, ging in den staatlichen siebenbürgischen Komitat Hunyad tätig wurde. Nach weiteren Tätigkeiten in Siebenbürgen kartierte er 1867/68 für die Geologische Reichsanstalt in Wien die Hohe Tatra. Ab 1869 war er Leiter und Professor an der neugegründeten Bergschule in Klagenfurt und von 1881 bis 1911 Professor an der Montanlehranstalt in Leoben.

Zunächst berichtete HÖFER, dass er schon in seinem Werk „Mineralien Kärntens" das in B l e i b e r g natürlich vorkommende molybdänsaure Molybdänoxid erwähnt und „vor circa anderthalb Jahren durch die Güte des damaligen Verwalter in Bleiberg, Herrn Kröll, einem eifrigen Beobachter der Bleiberger Vorkommnisse, ein Mineral eingeschickt (erhalten habe), worin sich schwarzblaue Partien schon durch eine qualitative Analyse als molybdänsaures Molybdänoxyd erwiesen. Mehrere Mineraloge, doch ganz besonders der unvergessliche Altmeister HAIDINGER, interessirten sich dem Erscheinen meiner ‚Mineralien Kärntens' ganz besonders für dieses Mineral und wünschten hierüber weitere Mit-theilungen. Ich komme diesen Wünschen durch nach-stehende Zeilen nach.

EXKURSE zum Bleiberg und zu Haidinger:

BLEIBERG – heute Bad Bleiberg – liegt im Gebiet von Villach in Kärnten. Die Geschichte des Ortes ist vom Blei- und Zinkbergbau geprägt. 1007 übertrug Kaiser Heinrich II. das gesamte Gebiet dem Bistum Bamberg. Die erste urkundliche Erwähnung als *Pleyberg* stammt aus dem Jahr 1333; seit dem zweiten Viertel des 14. Jahrhunderts werden Blei- und Zinkerze abgebaut. Im 16. Jahrhundert zählten die Fugger zu den Betreibern, 1759 erwarb Maria Theresia die bambergischen Besitzungen. Bis 1993 wurden hier Blei- und Zinkerze abgebaut. Bereits 1978 erhielt der Ort das Prädikat Bad.

Wilhelm (von) HAIDINGER (1795-1871) studierte ab 1812 am Johanneum bei Friedrich Mohs Mineralogie und setzte sein Studium ab 1817 an der Bergakademie Freiberg fort, wohin Mohs als Nachfolger von Abraham Gottlob Werner berufen worden war. 1822 bis 1826 begleitete er den Bankier Thomas Allan aus Edinburgh auf Reisen durch Europa. Von 1827 bis 1840 leitete er zusammen mit zwei Brüdern die im Familienbesitz befindliche Porzellanmanufaktur Haidinger in Elbogen in Westböhmen. 1840 wurde er als Bergrat nach Wien berufen, leitete die Mineraliensammlung der Hofkammer. 1849 wurde auf eine *Entschliessung* des Kaisers Franz Joseph eine kaiserlich-königliche geologische Reichsanstalt eingerichtet, deren Direktor Haidinger bis 1866 war.

Fortsetzung HÖFER:

Für das neue Mineral erlaube ich mir den Namen ‚I l s e m a n n i t' vorzuschlagen zu Ehren des verstorbenen Bergcommisärs und Rathsapothekers JOHANN CHRISTOPH ILSEMANN zu Clausthal (1727, +1822), der sich durch seine mineralogischen, insbesondere mineralchemischen Arbeiten um unsere Wissenschaft wesentlich verdient machte. Es möge hiedurch der Namen dieses tüchtigen Forschers, der durch seine Abhandlung: ‚Versuche über die Molybdäna und das Wasserblei von Altenberg*' (in CRELL's chemischen Annalen 1787) zur Kenntniss der natürlichen Molbydänverbindungen beitrug, der Vergessenheit entrissen werden; ich erfülle hierdurch auch einen der letzten Wünsche unseres unvergesslichen HAIDINGER's.

* Auf Seite 410 unter: ‚7. und 8. Von einer blauen Farbe aus dem Wasserbley' gibt ILSEMANN zum e r s t e n - m a l e ausführliche Anleitung über die Darstellung des molbdänsauren Molybdänoxydes aus Wasserblei, ohne die chemische Zusammensetzung der blauen Farbe zu kennen. Es rechtfertigt dies sicherlich den vorgeschlagenen Namen ‚Ilsemannit'.

ILSEMANNIT im Mineralogischen Museum der Universität Bonn
im Poppelsdorfer Schloss (Foto: Schwedt)

Daran anschließend beschrieb HÖFER die ihm vor-
liegenden Mineralien aus Bleiberg wie folgt:

*Alle die mir vorliegende Stücke sind vorwiegend
ein ziemlich festes Aggregat von weissen bis grauen,
unvollständigen Barytkrystallen, die bis zu 6 Linien gross
werden und meist rechteckige Querschnitte zeigen.
Zwischen diesen ist eine blauschwarze bis schwarze,
meist erdige bis kryptokrystallinische Masse, welche
umsomehr blau, wird. Je länger sie an der Luft liegt, sich
in Wasser löst und als molybdänsaures Molybdänoxyd
erwies. Andere mit-begleitende Mineralien konnte ich
weder mit freiem noch bewaffneten Auge auffinden; nur
ein Stück zeigt eine circa 6 Linien grosse, unregelmäßige
Bleiglanzausscheidung.*

[Linie: veraltetes Längenmaß, regional unterschiedlich, zwischen 1,9 und 2,26 cm.]

Die mineralogischen Daten für das ILSEMANNIT heute lauten:
Farbe:　　　　blau, blauschwarz, schwarz
Glanz:　　　　Glasglanz
Strichfarbe:　　bräunlichschwarz
Mohshärte:　　5,75
Chemische Formel:　　$Mo_3O_8 \cdot xH_2O$
Typlokalität (Ort, von dem die erste wissenschaftliche Beschreibung stammt):
Grube Stefanie, Bleiberg/Kärnten

ILSEMANNIT auf Gips, Nakrit Al-Schichtsilikat) Quarz und Orthoklas. Greifensteine Ehrenfriedersdorf/Erzgebirge.
Mineralog. Sammlungen der TU Bergakademie Freiberg (Ausschnitt des Fotos von Susanne Baldauf, Freiberg 2017

LITERATURVERZEICHNIS

Burose, Hans: Ergebnisse neuerer Forschungen zur Vor- und Frühgeschichte der Clausthaler Hochschule, S. 9-56; in: Technische Universität Clausthal, zur Zweihundertjahrfeier 1775-1975, Band I. Technische Universität Clausthal, Clausthal-Zellerfeld 1975.

Gelder, Hermann: Zur Geschichte der privilegierten Apotheken Berlins, Verlagsbuchh. Julius Springer, Berlin 1925.

Gittner, Hermann: Die Harzreisen des Johann Bartholomä Trommsdorff. 1798 und 1805, Verlag Storck, Oberhausen 1957.

Götz, Wolfgang: Zu Leben und Werk von Johann Bartholomäus Trommsdorff (1770-1837). Darstellung anhand bisher unveröffentlichten Archivmaterials, jal-Verlag, Würzburg 1977.

Graevert, Horst: Der Ilfelder Manganbergbau vom 18. bis zum 19. Jahrhundert, Der Harz Nr. 4 (1982);

Liessmann, Wilfried: Historischer Bergbau im Harz (Kurzführer), Springer-Verlag, Heidelberg 2010.

Müller, Georg: Der Lehrkörper der Technischen Universität Clausthal sowie ihrer Vorläufe 1775 bis 1999. Hrsg. von der Technischen Universität Clausthal anläßlich ihrer 225-Jahr-Feier, Clausthal-Zellerfeld 2000.

Schwedt, Georg: Goethe als Chemiker, Springer, Heidelberg 1998.

Schwedt, Georg: Goethe-Orte des Harzes. Ein Reiseführer auf den Spuren des Dichters und Geologen, Piepersche Druckerei und Verlag, Clausthal-Zellerfeld 1999.

Schwedt, Georg: *Historische Harzreise* in Kupferstichen. Aus den Werken von Matthäus Merian, Piepersche Druckerei u. Verlag, Clausthal-Zellerfeld 1993.

Schwedt, Georg: J. B. Trommsdorff. Zum 150. Todestag, in: Deutsche Apotheker Zeitung 127 (Nr. 9), 453-456 (1987).

Schwedt, Georg: Literarische Harzreise, Fackelträger-Verlag, Hannover 1998.

Schwedt, Georg: Vom Harz nach Berlin. Martin Heinrich Klaproth. Ein Apotheker als Entdecker sieben chemischer Elemente, Norderstedt 2016.

Stumpp, Eberhard: Zur Geschichte der Chemie an der TU Clausthal, in: Mitteilungsblatt der TU Clausthal, Heft 46, S. 14-21 (1989)-

Wellner, Axel: >Ein würklich vortrefflicher Mensch von Kopf und Herz< Bergmedicus Dr. med. J. F. W. Böhmer (1754-1788), Harz-Zeitschrift 67 (2015) 117-123.